おしゃれはほどほどでいい

「最高の私」は「最少の努力」で作る

はじめに

私が続ける「特別じゃないこと」

「美しく健康で、おしゃれでいるために、野宮さんが続けていることは何ですか?」

こんな質問をよく受けます。

「特に何も……」

私の答えはいつも同じ。インタビュアーは肩透かしを食らったような表情になります。

でも謙遜でも見栄でもなんでもなく、取り立てて人にお伝えするようなことがないので、こう答えるしかないのです。

体幹トレーニングとか、玄米食とか、低糖質ダイエットとか、特別なエステとか、雑誌に取り上げて面白いようなキャッチーなことは何もしていません。しかも白湯《さゆ》とか温野菜とか、健康に良さそうだけれど味気のないものは、私にとっては「つまらない食べ物」としてあまり興味がないのです。

でも、何度も同じ質問を受けるので、改めて考えてみました。

本当に、私は何もしていないのか？

「何もしていない」の意味は「特別なことは何もしていない」ということ。私はもしかしたら、「特別じゃない何か」を毎日続けているのかもしれません。

歌手デビュー36年、57年間生きてきた私が心がけていることは、いつも「今が最高の私」と言える自分でいるということです。

人前に出る歌手という仕事を生業《なりわい》にしていることもあり、常に今のベストで勝負する必要に迫られます。

そのためには、年を重ねることで変化する身体《からだ》や気持ちを客観的に観察して、おしゃれやメイクや美容によって自分を絶えずアップデートしていくこと、それを休まず続けていくことが大事です。

でも、続けることは本当に難しい。面倒くさいし、疲れます。年を重ねるとなおさら億劫《おっくう》になります。

私はシンガーになりたての若い頃、「嫌いな言葉は、努力・忍耐・根性」などと粋がっておりました。

50代も後半に差し掛かった今は、本当に「努力、忍耐、根性」とは縁がなくなってきました。努力しなくては手に入らないものはもう欲しくないですし、辛《つら》いことなんて何ひとつしたくないですし、根性は好きなことをする時だけ発動するものになりました

(年を重ねるごとに、自分に都合よく図々《ずうずう》しくなるようです)。

目の前に未来が延々と続いている若い時は、〝いつか〟を夢見て、努力したり、忍耐したりするものですが、未来が永遠に続くものではないと気づいた私たち大人は、〝いつか〟のために今を犠牲にするわけにはいきません。

今の自分を愛し、今持っているものを十分に活《い》かし、今という時を大切にしたいと思うのです。

今回、『おしゃれはほどほどでいい～「最高の私」は「最少の努力」で作る～』というタイトルをつけました。

「ほどほどでいい」という言葉には、いろいろな意味を込めています。

「ほどほど」とは「度を越さずに適切であること」です。

前作『赤い口紅があればいい』でお伝えしたように、美容もおしゃれも際限なく追求せずに、「ほどほど」に効率的で効果的なやり方で美人になって、余った時間とお金で他のことを楽しむ。その方がトータルで幸せだと思うのです。

人は物事を合理的に最少の努力でやろうとすると、一番大切なポイントが見えてきます。それはあなたの最大の魅力を上手に見せることかもしれませんし、逆に欠点を適切に隠すことかもしれません。

美容もおしゃれも（仕事もヘルスケアも、そしておそらく恋愛も）やりすぎたり、やらなさすぎたりするのもよくありません。過ぎたるはなお及ばざるが如し、無理がない「ほどほど」が一番上手くいき、一番長く続きます。

そして、「ほどほど」とは、「足るを知る」ということでもあります。お金、名声、恋人、美貌、上を見たらキリがない。私はこれでいい、と思わないと、幸せにはなれません。理想に向かって、ベストは尽くすけれど、「身のほど」という言葉があるように、どこかで自分のリミットをしっかり持つこと。この加減が大事ですし、その加減を楽しむのが人生です。

この本では、「今が最高の私」と言えるために、毎日している〝特別じゃないこと〟、努力・忍耐・根性なくしても、誰でもできる〝普通のこと〟を書いてみました。

もちろんこの本で紹介することを全部やる必要はありません。ひとつでもふたつでも、続けられそうなことがあれば「ほどほど」にやってみる、というくらいでよいのです。

目次

巻末付録

おしゃれのイメージ

ワンピースのバリエーション／リトル・ブラック・ドレスはアクセサリーでエレガンスにもカジュアルにも／2セットのアンサンブルで8パターンのコーディネート／洋服を買う時はトータルで考える／ブローチはいろんな場所につけて楽しんで／スカーフの使い方は無限大／老眼鏡もおしゃれアイテム　プロデュースした4種／大人のチークは思いきって／アイラインで作る切れ長キャッツアイ／つけまつ毛、アイテープでたるんだ瞼を引き上げる／ベース作りはファンデーションブラシで／上がった口角を自分で作る／赤い口紅は塗り方で雰囲気を変えるひとつでも、始めることで、あなたは変わります。

いつも赤のことを考える。

いつの間にか私のトレードカラーです。50代になってからよく着るようになりました。若い時とは違う意味で、元気に見せてくれるし、気持ちが上がります。

赤い口紅、赤いマニキュア、赤いハイヒール、赤いドレス、赤いランジェリー、赤ワインと赤いカクテル……。

赤は大人の女性を魅力的に見せてくれる色です。心理学的にも気分を高める効果があります。思い切って真っ赤な服を着てもよいですし、差し色に使えば単調なワードローブもたちまち華やぐことでしょう。ゴージャスでセクシーでありながら、大人の品格を十分に引き立たせてくれるのが赤という色です。年を重ねると派手な色から遠ざかる傾向がありますが、**この魔法の色を使わない手はありません**。服を着る時、いつも赤のことを考えましょう。

いざという時は黒に頼る。

黒は万能ですが、ちょっとした注意と工夫が必要です。

黒ほど使い勝手の良い色はありません。とにかく黒さえ着ていれば、センスに自信がない人でもシックに見せることができます。おまけに着痩せ効果もあるので一石二鳥。黒を選べばファストファッションのアイテムでもお値段以上に見えますし、汚れも目立たないのでクリーニングの回数も少なくて済みます。

ただし黒ずくめでキメたつもりなのに、「ご不幸でも?」と気の毒そうに声をかけられたら要注意! 靴やバッグをカラフルにしたり、ジュエリーで輝きをプラスしましょう。

他にも大人が黒を着る場合の注意点があります。それは素材選びです。透け感のあるシフォンやレース、シルクサテンなど、光沢があって身体の動きに寄り添ってくれるものはＯＫですが、光を吸い取ってしまうマットな黒は、肌のツヤを失ってしまった大人には難しいアイテムです。

最も危険なのはロックＴシャツでお馴染《なじ》みの黒のＴシャツです。大人が着こなしにくいカジュアルなアイテムであることに加えて、色ツヤを吸い取るマットな黒となれば、着て得をすることはひとつもありません。それでも、ご贔屓《ひいき》のバンドＴシャツをどうしても着たいのなら、仕立ての良いジャケットの下に着るか、アクセサリーをプラスして光を補うことをおすすめします。

とっておきの黒の活用法は、落ち込んだ時に全身黒ずくめの黒子になって、ひっそりと存在を消して一日を過ごすこと。回復したら、好きな色を着て街へ繰り出しましょう！

やはり黒ほど使い勝手の良い色はないのです。

落ち込んだ時は、無理に気持ちを上げず、黒い服を着て、静かに沈んだ気持ちが過ぎ去るのを待ちます。おしゃれをしたくなるかどうかが回復のバロメーター。

白をいつも近くに。

白はいつも私たちを助けてくれます。

プレスの利いた白いシャツを着るだけで、美人度は1・5倍アップ。きちんと感も高級感も演出できます。誰にでも似合う、年齢を問わない万能の色です。パーティに着ていくものが思いつかない場合は、とりあえず白いトップス。光沢のある生地や、仕立てが良いものは、それだけでおしゃれ着になります。

私がおすすめしたいのは、光を反射して女性の顔を美しく見せてくれる「レフ板としての白」。シャネルのパールの重ねつけや、胸元につける白のカメリアは、レフ板効果も計算してのスタイル

Tシャツは絶対に白。ネックラインに沿うネックレスやパールを組み合わせます。上に羽織るのは、ジャケットやカーディガン。私のツアーグッズのTシャツは、いつも自分が着たいものを作っています。

「インスタ映え」にはこの白いレフ板。SNS用の写真撮影に活用しましょう。

なのです。

でも白を忘れてしまった時は?

安心してください。レストランの白いナプキン、職場での白い書類も顔の下に置けば立派なレフ板になります。

同伴した男性が白いハンカチーフを持っていたら頼もしいですが、そんなジェントルマンがめっきり少なくなった昨今、自己防衛のために白いハンカチーフをいつもバッグに忍ばせておくのは、もはや大人の女性の常識かもしれません。

服もメイクも基本は、赤・白・黒。

赤と白と黒は、昔から日本人が大事にしてきた色です（歌舞伎のメイクを思い浮かべてもわかりますね）。

赤白黒は最強の基本色です。洋服やアクセサリーもこの3色を基本にすれば、どのように組み合わせても失敗することはありません。単色でコーディネートしても、1色を差し色にしても、3色すべてを登場させても見事に調和します。

洋服に迷ったら、この3色の中から選びましょう。華やかさが欲しければ、ゴールドやシルバーをプラスしてもいいでしょう。

メイクも、究極はこの3色で成立します。赤い口紅があれば、

赤白黒以外の色でも、服をコーディネートする時は、色数を「3色以内」にするとまとまりやすいでしょう。

唇にはもちろん、チークやアイシャドウ代わりにも使えます。白は立体感を出し、影を消すためにハイライトに。そして、黒いペンシルが一本あれば、筆圧で濃淡を調整して、アイライナーからアイブロウ、ぼかせばアイシャドウ代わりにもなります。

日本古来親しまれてきた赤白黒は、私たち日本人を美しく引き立ててくれる基本の3色なのです。

料理が一汁一菜でいいなら
おしゃれだって同じ。

運動神経だけでなく、おしゃれ神経もあれば、料理神経もあるのでしょう。私は、料理神経が発達していないようです。

正直に申し上げますと、私は料理が得意ではありません。食べる方はかなりのレベル（つまり食いしん坊）と自負していますが、作るとなるとどうも怪しい。息子に言わせると私の得意料理はカルピスだそうです（水と原液の配合だけは上手いので認める、ということ。失礼しちゃうわ！）。

息子のお弁当作りも6年間続けましたが、ほとんど3パターンのおかずのローテーション。毎朝土鍋で炊く銀シャリ（つまり水と米を配合して炊くだけ）をたったひとつのアピールポイントと

実家がいろいろなおかずをつまみに晩酌する家だったので、品数へのプレッシャーがありました。いつもたくさん作らねばならないと思っていました。

していました。それでも息子は、料理下手な母を持ってもグレることなく、特に病気もせずに健やかに育ってくれました。

おしゃれに関しては、イメージを膨らませてさまざまなコーディネートを思いつきますが、料理の献立となるとさっぱり想像力が働かないのです。その結果、同じような茶色の甘辛いおかずばかりが並んでしまったり、お刺身とカレーライスといった謎の組み合わせが登場したり、と家族を驚かせてきました。

苦手、興味がない、できることならしたくない家事――それは料理。一人の女性として、妻として、母として、料理下手がいつしかコンプレックスになっていました。

私の周りには、料理上手の女友達がたくさんいます。手料理が得意な女性はそれだけで美人です。胃袋をつかむ、という表現もあるように、男性にもモテます。〝食〟と〝おしゃれ〟を比較すれば、生きていくのに不可欠な〝食〟の方に軍配が上がります。

パーティ好きな私ですが、唯一苦手なのがポットラックパーティ（手作り料理の持ち寄りパーティ）です。私の手料理を食べさせて余計な気を使わせては申し訳ないので、決して自宅用には買わない高級マンゴーとシャンパンを事も無げに持参することに決めています。

そんな私が最近、料理研究家の土井善晴さんの『一汁一菜でよいという提案』（グラフィック社）という本に出会い、目から鱗《うろこ》、雷に打たれたような衝撃を受けました（大袈裟《おおげさ》ではなく本当に）。

土井先生が、家庭料理の研究の末に行きついた〝一汁一菜〟とは、基本の形さえ持っていれば、食事作りに悩むことはない、というもの。「家庭料理は、ご飯と一汁一菜でいい」と言ってくれたのです。

冷蔵庫にある食材を見繕って具だくさん味噌汁を作れば、それが立派なおかずになる。しかも、出汁《だし》をとらなくてよい、具材も有り合わせでよい、これまでの味噌汁のルールすらもなしです。味噌が濃くても薄くてもそれなりの味わいがあり、どちらも美味《おい》しいのだと先生は書いています。

なんて楽ちん、なんて素敵！　そして、お椀の中の世界だけを自由な発想で考えればよいとわかった途端に、私のコンプレックスは消え、おしゃれと同じような想像力が俄然《がぜん》湧いてきました！

冷蔵庫の中の、余ったベーコン、玉ねぎ、じゃがいも、コーン缶、牛乳、仕上げにバターも加えて、題してオリジナル「どさんこスペシャル（私の故郷）」の完成です。チャレンジする楽しさと、意外な美味しさの発見があり、栄養豊富で、手間暇もかからない、夢のような「一汁一菜」。そこに炊きたての白いご飯、お漬物。気分に合わせて、お刺身や焼き魚をプラスしてもよい。外食の機会が多い我が家には、日常のご飯はこれで十分です。しかも発酵食品のお味噌と野菜も摂れてとてもヘルシー。

これなら私にだって上手に、時間を取られずに、悩まずに、不味《まず》いものを作ってしまったと落ち込むこともなく、毎日料理ができる！　この提案によって私は料理コンプレックスから解放されたのでした。

そして、「どさんこスペシャル」を飲みながら、ふと、ジェーン・スーさんのことを思い出しました（スーさんは江戸っ子です。念のため）。

彼女と対談した時に、「自分はおしゃれがわからないし、おしゃれがわからない女性は多い。どうすればおしゃれが上手になりますか？」と、かなり本気に質問されたのです。

私はその時「好きなものを着ればいいんです」と答えたのですが、スーさんから「その〝好きなもの〟がわからない場合はどうすればよいのですか？」と詰め寄られました。

スーさんの気持ちは、苦手な料理を作る時の私の気持ちだった

物事を上手にこなすにはセンスではなく、「型」が必要です。「型」を知り、身につけましょう。

のです。私はそれまで、「おしゃれがわからない」という方の気持ちを、本当の意味で理解していなかったのかもしれません。

結論からお伝えしますと、**あることに対して苦手意識を持つ人、下手な人というのは、センスというよりも「自分の軸」や「自分の型」を持っていないことが多い**のです。判断する基準がないから、どうしていいかわからなくなってしまう。

料理が苦手な私は「一汁一菜」という型を授かったことで、料理上手にならずとも、料理に対する苦手意識はなくなりました。

それをおしゃれに当てはめるならば、まずは「おしゃれの自分の型」を持つことで、クリアできるはずです。

「一汁一菜」＝「シンプルで簡単で上手にできるもの」と定義するならば、「おしゃれの一汁一菜」とは何でしょうか？

残念ながら、お味噌汁のようにひとつの型を挙げることはできませんが、例えば、シンプルなワンピースやアンサンブルは、それに当てはまるかもしれません。

まずは自分に合いそうなファッションブランドを決めて、店員さんと相談しながら、おしゃれの型を見つけてください。それが見つかったら、もう大丈夫！　少なくとも、苦手意識はなくなります。気分に合わせて小物で色を加えたり、アクセサリーをプラスしたり。遊び心を発揮して、コーディネートのテーマを決めても楽しいでしょう。

一汁一菜のおかげで、ひとつ賢く生きる術《すべ》を見つけられたようです。

土井先生、ありがとう。

おしゃれとは、ときめきを感じること。

あなたに会いにゆくのに　朝からドレスアップした
一晩中愛されたい　東京は夜の七時

私が20年以上歌っている代表曲「東京は夜の七時」の一節です。
大好きな彼に会うために、とびきりのおしゃれをして待ち合わせに向かう女の子。
おしゃれとは自己表現であり、自分の好きな格好をして気分を上げるものです。
それと同時に、**おしゃれは相手への気遣いや、もてなしであり**

おしゃれとは、誰かに愛していると伝えること。おしゃれはいつもワクワクするものです。

相手に想いを伝えることでもあります。

歌の中で、今夜会う彼とのロマンティックな食事や会話やふれあいを想像しながらドレスアップしている彼女は、装いを通して相手に愛のメッセージを伝えようとしているのかもしれません。

私は彼女がこの時感じているときめきを、とても愛しく感じます。ときめきは、退屈になりがちな私たちの人生を鮮やかに彩ってくれるもの。私たちがおしゃれをするのは、自分の身体に纏《まと》う衣服の色やデザイン、肌に触れる生地の感触を通じて、このときめきをよりリアルに、より肉体的に感じたいからなのです。

トランクひとつ分のワードローブでおしゃれはできる。

ピチカート・ファイヴでワールド・ツアーをしていた90年代のことです。トランクひとつに洋服や靴、アクセサリーを詰めて、一回のツアーにつき約2ヶ月間という決して短くない期間、世界中を飛び回っていました。ニューヨーク、ロンドン、パリ、ミラノ、ベルリン……歌を届けに世界中を巡業する、まるでサーカス団のような暮らしでした。

トランクに詰め込んだ数少ないワードローブを着まわして、それなりにおしゃれに装っていました。もちろん、現地で新しい服

ワールドツアーの時のワードローブは、デニムが中心でした。

を調達することもありましたが、トランクひとつ分のワードローブで何不自由なく過ごしていたのです。

季節ごとにトランクひとつ分（1年間でトランク4つ分）のワードローブがあれば、おしゃれは可能ということになります。必要なのはたくさんのワードローブではなく、たくさんの想像力なのです。

私は旅に行く前に、日程表に洋服や小物のイラストを描き込みながら綿密なコーディネートの計画を立てます。何通りにも着られるシンプルな服を中心に、ドレスアップ用の服や靴、アクセサリーなど、パズルのように何通りにも組み合わせます。このコーディネート・チャートを作っておくと、無駄なものをトランクに詰め込む心配もなく、現地に着いてから「何を着よう？」と頭を悩ませることもないので、とても役に立ちます。

旅支度は楽しみのひとつでもあります。旅先の街並みや楽しい

ボトムス一着に対して、トップスを2〜3着組み合わせるのがコツ。

旅慣れた人には、おしゃれな人が多いようです。

パーティに思いを馳せて、あれこれ服選びをしている時から、もう旅は始まっています。

旅先では、限られたアイテムでベストの着こなしを追求するので、思いがけない新しいコーディネートが生まれることがあります。**旅の準備はおしゃれレッスンには持ってこい**なのです。

旅をするとおしゃれになれる。そして時には、日常でも旅支度をするように、おしゃれをしてみる。トランクひとつ分のワードローブは、厳選された究極のワードローブです。

やみくもに捨てなくてもいいと思います。過去の小物が思いがけず使えることもありますし。ごちゃまぜワードローブはインスピレーションの源です。

ごちゃまぜワードローブは人生を記憶するタイムマシン。

どんなおしゃれ指南書にも必ず書いてあるのが、「おしゃれになりたかったら、まずはクローゼットの整理から！」。それは十分にわかっているつもりですし、年に一度は、必要ではなくなったものをリサイクルショップに大量に出しています。それでも現実は、４つのトランクでは到底収まりきれない数のワードローブに埋もれて暮らしています。

ですから、せめてクローゼットの見える化を図って、すべての持ち物を把握し、日々のおしゃれに活かしたいと常々思っていま

だから断捨離ができないのです！

す。思ってはいますが、まだまだ志半ばです。

57年間生きてきた私のクローゼットには、私の人生を物語るワードローブがごちゃまぜに詰まっています。それは紛れもなく私の過去の履歴です。例えば、人生の節目に着たワンピース。それさえ着れば、どこへでも自信を持って出られた、お気に入りのドレス。それが突然似合わなくなって愕然とした日……。それらは時に私を助け、時に落ち込ませたかもしれませんが、いい時も悪い時も一緒に乗り越えてきた服の数々なのです。履歴を一斉削除なんてとても私にはできません。

これまでの歌手という仕事の中でも、さまざまな女性を演じてきましたが、実生活においても、ひとつのファッション・スタイルに収まりきれない自分がいます。それが私のごちゃまぜワードローブの理由です。

また、ワードローブはタイムマシンでもあります。いつでも、どこでも、どの時代にも連れて行ってくれます。

そして、ワードローブはファンタジーでもあります。ごちゃまぜワードローブを錬金術師のように組み合わせれば、どんな物語の主人公にもなれます。

私はきっと、60歳になっても、70歳になっても、80歳になったとしても、新しい服に心をときめかせることでしょう。そして、初めて袖を通す幸せを噛みしめるのです。

おしゃれに興味がないならそれもよし。

おしゃれについて、人は5つに分類できます。

①　おしゃれな人
②　おしゃれが好きなのに、あまりおしゃれに見えない人
③　おしゃれをしたいけれど、どうしていいかわからない人
④　おしゃれをあえてしたくない人
⑤　おしゃれにまったく興味のない人

①と⑤の人は、それぞれまったく別の意味で、私からは何も言

うことはありません。そのまま人生を謳歌《おうか》してください。
②の人は、ゴーイング・マイウエイ！　たとえコーディネートがチグハグでも、自分が好きなものを着て幸せならば、それは個性になります。「センス」は、「好き」には敵《かな》わないのですから。
④の人はおしゃれを必要のないものと思っている人。きっと、他に大事なことがあるのでしょう。それとも、外見よりも中身こそが大事だと思っているのでしょうか。
③の人は、実は一番可能性を秘めている人です。
おしゃれはあなたを助けてくれます。素敵な服を着ると一瞬で気分が晴れ、自信が湧いてくるのを実感するでしょう。

「この服を着ていると気分がウキウキする」「この靴を履いているると自信が持てる」。そんな単純な理由で、自由に着てしまえばいいのです。

そこに「今日は素敵ね！」などと言ってもらえたら、なおさら嬉しいのですから、おしゃれの基本のルールやテクニックを身につけていきましょう。

新しいことを学ぶのは素晴らしいこと。年を重ねてもまだ「のびしろ」があると感じることは希望となって、幸せをもたらしてくれます。**新しい服を身につけてみる。これまでとは違うアイテムやブランドや着こなしにトライしてみる。それだけで新鮮に自分を見つめることができ、エネルギーがもらえます。**

進歩する自分、そして美しくなる自分に会えるなんて、こんな素晴らしいことはありません。

最初はみんなモノマネから始まります。

おしゃれはモノマネでいい。

おしゃれがわからない人というのは、おしゃれの目標がない人。つまり自分が目指すおしゃれのイメージを明確に持っていないようです。

どんな服を着たいのか？　どんな風に人に見られたいか？　その方向性が定まっていないと、地図を持たずに目的地に出掛けるようなもので、自分の望むおしゃれをすることができません。

このような人は「私のおしゃれはどうあるべきか？」などと抽象的に考えても堂々巡りをするだけです。

まずは、シンプルにモノマネをしてみましょう。雑誌やウェブサイトを見ながら、こんな格好がしてみたい、こんな女性になりたいと思う対象を見つけたら、実際に同じような服を買って、着てみる。私は今でもそうします。

うまくモノマネができているか？　何が違うのか？　**試行錯誤を繰り返して、目標に近づいていく。真似《まね》ることは学ぶこと、**なのです。

〝無難〟な方は選ばない。

自分の〝好き〟を基準に、おしゃれを組み立ててみるというのもひとつの方法です。これは楽しいおしゃれのルールです。どの色のワンピースにするか迷ったら、ひと目見て、〝好き〟と思ったものを選びます。

好きなものとは、気持ちがときめくもの、着るとワクワクするものです。それは最初に手に取ったものであることが多いので、**直感を信じましょう**。

私の経験上、「他のアイテムと合わせやすいから」「長く着られるから」と、〝好き〟より〝実用性〟を考えて選んだものは、愛

無難なものは選ばなくなりました。一見無難に見えても、どこかにひとひねりあるものが好きです。ミュージシャンという職業を選んだ、私の生き方そのものかもしれません。

着が持てませんでした。

〝好き〟を最優先にして多少ちぐはぐな着こなしになったとしても、たとえワンシーズンしか着ることができなかったとしても、袖を通すたびに幸せな気持ちになれるのなら、私は〝好き〟を大事にした方がよいと思います。

無難なこなれ感よりも、楽しい個性を選びましょう。そしてそれを堂々と着こなしましょう。

〝好き〟は最強のおしゃれのルールです。

「一汁一菜」からヒントを得た法則です。おしゃれにおける一汁一菜とは何か？　を考えました。

世界一シンプルなおしゃれの法則（ワンピース）

最もシンプルなおしゃれは、ワンピースです。

ワンピースは、コーディネートの必要がない、すでに完成された服です。一枚をさらりと着れば準備完了。最速最強のおしゃれ着です。

一口にワンピースと言っても、Aライン（裾が広がったAのシルエット）、Iライン（ストレートなIのシルエット）、Xライン（ウエストを絞ったXのシルエット）、その他にもシャツワンピースやツーピースに見えるものなど、その種類は豊富です（p21

8参照)。さらに、無地、ボーダー、水玉、花柄など、生地の柄や素材によっても雰囲気が変わります。

そんなワンピースの中でも、一番失敗することのない定番は、L．B．D．＝「リトル・ブラック・ドレス」、シンプルな黒のワンピースです。きっと女性なら、誰でも一着は揃《そろ》えていることでしょう。一汁一菜にたとえるならば、簡単で毎日飲んでも決して飽きることがない「豆腐の味噌汁」というところでしょうか(引き続きお味噌汁にたとえています。あしからず)。薬味のネギや三つ葉を加えると風味が増すように、アクセサリーを替えれば、カジュアルにもフォーマルにも活躍してくれるオールマイティーな一着です。

でも、誰もが持っているワンピースだからこそ、なんの工夫も加えなければ、平凡で個性がないとも言えます。アクセサリーやジュエリーを巧みに使って、このL．B．D．をあなたらしく着こ

毎日ワンピースでもいい、という提案です。私もピチカート時代は、ワンピースばかりでした。

なす工夫をしてみましょう（p219参照）。

もしもあなたが、毎朝コーディネートに頭を悩ませることなく、**いつもおしゃれで華やかに装いたいならば、ワードローブのすべてをワンピースだけにしてもいいと思います**。極端に聞こえるかもしれませんが、ワンピースしか着ないという一貫性があれば、それはいつしかその人らしさとなり、個性となり、トレードマークになります。そんなキャラ美人も私は素敵だと思うのです。

セットのものを単品でも着こなしていくという提案です。味噌汁でいえば、赤味噌に替えたり、こんぶ出汁にしたり、ということでしょうか。具以外のものにも視野を広げると、また世界が変わります。

世界一シンプルなおしゃれの法則（アンサンブル）

L.B.D.をクリアしたら、次はアンサンブルです。

まずは、仕立ての良いアンサンブルを2セット買うことをおすすめします。上下セットで2パターン、斜めに組み替えて2パターン、それぞれを単品で使うとさらに4パターン、全部で8パターンの着こなしが可能です（p220〜参照）。

アンサンブルは着回しのきくアイテムなので、少々奮発しても賢い買い物をしたことになりますから、お財布と相談をしてなるべく質の高いものを手に入れましょう。

赤のアンサンブルで思い出すのは、ジャクリーン・ケネディ・オナシスの完璧な着こなし。

基本のアンサンブルはベーシックカラーで揃えるのが賢明でしょう。やはりここでも黒は万能と言わざるを得ません。黒いストッキングに黒いバッグと靴と合わせれば、お葬式に参列することもできます。カラーを楽しみたければ小物で変化をつけたり、個性的に装いたければ、アニマルプリントを合わせてもシックにまとまります。

黒と一緒に購入するもう一着は、柄物なら千鳥格子やグレンチェックなどのモノトーンを選べば見事に調和します。無地ならベーシックカラーだけでなく、思い切って赤（赤が似合わない女性はいません！）を着こなしてみるのはいかがですか？

ご贔屓のブティックが1軒あれば、**2セット同時に購入すると着回しの幅が広がります**。

行きつけのショップがあれば、あなたのワードローブを把握してくれているので、コーディネートしやすいアイテムを提案してくれるでしょう。優秀な店員さんはあなたのサイズや好みもわかっているパーソナル・スタイリストです（しかもスタイリング代は無料。なんて素晴らしい！）。ここはプロの意見を素直に信じてみてください。

信頼のおける店員さんと出会えたら、長くお付き合いをして、あなたのおしゃれプロデューサーのひとりになってもらいましょう。

ふたつのアンサンブルを組み替えて着こなせれば、すでにおしゃれ中級者です。さらなる高みを目指して、コーディネートのバリエーションを身につけましょう。

世界一シンプルなおしゃれの法則（トータル・コーディネート）

ワンピースとアンサンブルを着こなせるようになったら、次はトータル・コーディネートに挑戦です。

パンツ、スカート、ブラウス、カーディガン、ジャケット、をひとつずつ揃えましょう。冬にはコートも必要ですね。**すべてを同じショップで買えば、コーディネートがチグハグになる可能性は少なく**なります。またもやお味噌汁にたとえるならば、具だくさんのけんちん汁か豚汁でしょうか。具材＝組み合わせるアイテムが多くなっても、味噌＝同じブランド、同じショップという味付けの方向性があるので、統一感のある着こなしができるのです。

気をつけたいのは、アイテムを単体で買わないこと（p222〜参照）。人は「今持っている洋服（過去に買った洋服）」に合わせる形で、単体で買い足す傾向にあります。もし、「今持っている洋服」が似合っていないものだと、永遠に似合わない服を買い続けることになります。ですからおしゃれに自信のない人は、手持ちの洋服を一旦リセットし、「世界一シンプルなおしゃれの法則」を始めることをおすすめします。そして、**信頼のおける店員さんのアドバイスをもとに新しく買ったあなたに似合う洋服をおしゃれの軸**として、クローゼットの中の洋服を取捨選択しましょう。

ちなみに、この「世界一シンプルなおしゃれの法則」は、私が長年お世話になっているブランド、マッセメンシュのデザイナー、内山奈津子さんへのインタビューをもとに書きました。マッセメンシュに行けば、彼女のアドバイスを直接受けられますよ。

マッセメンシュとは、ピチカート時代からのお付き合い。信頼できるお店があると、本当に楽ですし、助かります。

私は、スタイルが良く見える服が好きですし、褒められるのも、大好きです。

褒められた服は似合う服。

新しい服を着た時、「とても似合っていますね」や、「今日は何だか素敵！」などと褒められたら、それがあなたに似合う服です。そう言ってくれた人が、日頃からセンスの良い人として一目置かれている人なら、まず間違いはないでしょう。褒められると自信がつき、おしゃれのモチベーションもアップします。

そこから、次のステップへ行くには、**その服の何が自分を引き立てているのか、考えること**です。色なのか、形なのか、その服の雰囲気なのか。その法則みたいなものを知ることができれば、あなたを素敵に見せてくれる服を選ぶ指針になります。

気に入ったら色違いで揃える。

私は似合う、好きな形の服に出会うと、すべての色を買いたくなります。

自分に似合う服に出会ったなら、どうぞもう1着、色違いで買い揃えてください。

同じ型の洋服を2着買うことに抵抗がある人が多いようですが、似合う服に出会うという幸運に恵まれたのですから、そのチャンスを広げましょう。それをあなたの定番に据えると、コーディネートに頭を悩ませたり、失敗したり、ということも少なくなります。おしゃれがわからない人は、タイプの異なる似合わない服をたくさん買ってしまい、どれを組み合わせても上手くいかないという悪循環に陥ってしまう傾向にあるものです。「似合うものだ

1着目には買わない、グリーンやフューシャピンクがとても楽しいのです。

けを少し」というのが、失敗しない着こなしの鉄則です。

色違いで揃える時は、ぜひ普段着ない色にもトライしてみてください。その服の形や雰囲気は似合っているわけですから、ハードルが下がりチャレンジしやすくなるはずです。色が違うだけでイメージがガラリと変わるので、思いがけない新しい発見もあるでしょう。

自分を輝かせるファッションを知り、少しずつおしゃれの幅を広げていけばよいのです。

いつも同じ服でもいい。

私は気に入った服があると1シーズン着つづけることがよくあります。

「1ヶ月着回しコーディネート」を雑誌で特集すると人気だそうですが、果たして毎日違う服を着る必要はあるのでしょうか？

私は必要ないと思います。

忙しい朝に、非の打ち所のないコーディネートをテキパキと組み立てることができる人は、スタイリストに転職することをおすすめします。

お気に入りの服があって、それを着ていると心から楽しく（または安心でき）幸せなら、それこそがあなたのスタイルなのですから、**究極は毎日同じコーディネートで過ごしてもいい**と思いま

ミュージシャンは型が決まっている人が多いですね。

す（だから、毎日ワンピースでもいいと思うのです！）。

本当におしゃれな人たちの中には、いつも同じ格好をしている人が少なくありません。

上質な黒のジャケットに黒のデニム、そして黒のブーツにニット帽。音楽も生き方も、おしゃれでスマートで大好きだったかまやつひろしさんはいつもこのスタイルでした（私のビルボードライブに飛び入りして「中央フリーウェイ」を一緒に歌ってくれた想い出は宝物です）。

おしゃれな人とは、必ずしも華美な装いをしている人を指すのはありません。シンプルでも、自分のスタイル＝その人らしさをよくわかっていて、自己を演出できる人がおしゃれな人なのです。

トレードマークは
スターだけの特権ではない。

私が小学生の頃、テレビのブラウン管（時は昭和40年代）に映し出される歌謡ショーを観て、流行の最先端の衣装で歌う歌手に憧れ、歌手になることを密かに心に誓ったものです。

中学生になって洋楽を聴くようになると、デヴィッド・ボウイ、T・レックスなど個性的なグラムロックのアーティストが私のアイドルとなり、人と同じではないことの格好良さ、グラマラスなものへの憧れがいつしか自分の美意識のベースになりました。歌手になることを本気で考え、バンド活動を始めたのもこの頃です。

最近の私のトレードマークは、赤い口紅です。

アーティストとして大切なことのひとつは、唯一無二の個性を持つ、ということです。良い楽曲を作り、歌うことはもちろんですが、人々の心をつかむには、人とは違う個性が必要です。

スターはみんな、トレードマークと言えるものを持っています。ツイッギーのミニスカート、アンディ・ウォーホルのシルバーヘア。ミュージシャンならば、エルトン・ジョンの派手なメガネ、マイケル・ジャクソンの白い手袋、デビュー時のマドンナの下着ルックなど。靴を履かずに裸足で歌うのをスタイルとしているシンガーもいますね（靴を履かなければファッションとしては成り立たないと思いますが、アーティストと呼ばれる人はそれがスタイルになります）。

ピチカート・ファイヴ時代の私は、ウイッグとつけまつ毛とミニスカートの60'sルックがトレードマークでした。

今では、世界中のどこの都市へ行っても大量生産のファストファッションのお店が並んでいます。世界中の女性が同じような格好をしているとも言えます。もちろんあなたが、他人と同じような格好でいることが、心の安定になるのであれば、それはそれでよいでしょう。

でも、どこかにあなたらしさを表現してみたいと思うのなら、他の人が一目見ればあなただとわかるような個性を出してもよいのではないでしょうか？

トレードマークは、スターだけの特権ではありません。彼らのようにエキセントリックな個性を無理に作る必要もありません。スタイルを持ったおしゃれ好きの人には、必ずトレードマークがあるものです。

特定のブランドだけを偏愛する。ボーダー柄を着続ける。テーマカラーを決める。ショートボブで通す。ジャケットの襟に毎日違ったブローチをするなど、**自分の好きなものを貫き通した結果、**

そういえば、デヴィッド・ボウイのスタイリストだった高橋靖子さんのトレードマークはヴィンテージのロックTシャツです。

その人だけの個性になるのだと思います。

そうさなにかにこらなくてはダメだ
狂ったようにこればこるほど
君は一人の人間として
しあわせな道をあるいているだろう
かまやつひろし「ゴロワーズを吸ったことがあるかい」

もしも野宮真貴がCEOだったら。

いつも同じ服がトレードマークと言えば、アップルの創業者で元CEO、スティーブ・ジョブズ氏が思いつきます。

イッセイミヤケの黒のタートルネックセーターにリーバイスのデニム、ニューバランスのスニーカーというシンプルな着こなしは、ノームコアと呼ばれています。ノームコアとはノーマルとハードコアを組み合わせた造語で〝究極の普通〟という意味だそうです。一見「ファッションなんかに興味はありません」という普段着風のコーディネートなのですが、実は厳選されたアイテムで構成されているところがミソです。

スティーブ・ジョブズ氏のように着る服を決めて、それ以上余計なことは考えず、仕事に集中するという僧侶のような生き方も潔いと思います。しかも彼のこだわりによって選ばれた服を着ているので、普通であることが強い個性となっていくます。同じ服を着続けることで、その人のキャラクターになっていく典型ですね。

でも、それはスティーブ・ジョブズという偉大な天才だからこそノームコアが生き方のスタイルになるのであって、普通の人がノームコアの装いをすると、普通の2乗で、極普通の人になってしまいそうです。

さて、もしも私がCEOになったら毎日何を着るでしょうか。女性は男性よりも服のバリエーションが豊富なので自由度も高くなりますが、やはり組織のトップなのですから「きちんとした服」を選ぶと思います。シャネルスーツでビシッと決めるのもいいですね。でも、どこかに自分らしい味付けを加えたいので、毎日違うアクセサリーで遊びを加えたいところです。

服とは、自分と他人や社会とのつなぎ目にあるもの。特に仕事着は人と協力して働くのに適した服を選ぶことが優先されると思います。その上で自分の個性が表現できるとベストです。

最近、女性が管理職になるケースが増えていると聞き、とても喜ばしいことと思っていますが、それにふさわしい服装がわからない人が多いと知りました。これまで比較的カジュアルな服で出勤していたので、出世をして、男性に交じってビジネスミーティングに出る時や、采配を振るう時、着る服に悩むというのです。男性社会の中で、どの程度のきちんと感が求められるのか？　どれくらいフェミニンな要素（花柄やカラー、スカートの丈、ハイヒールの高さなど）を入れるのが適切なのか？　難しいことだと思います。

これは、今の世の中全体がカジュアル化しているので、きちん

きちんと感をベースにして、女性らしさと個性をプラスしましょう。お手本はイギリスのメイ首相。上質のスーツにヴィヴィッドな色使いやこだわりの靴をプラスして、遊び心と自分らしさを表現しています。

派手な服、地味な服、きちんとした服、それぞれに優劣はありません。大事なのは、その場にふさわしいものを着ることだと思っています。着飾ることだけが、おしゃれじゃないのです。

とした服を着る機会が少なくなっているせいかもしれません。

私は、職業柄、どんな服装でも大抵許されてしまうのですが、冠婚葬祭や子供の学校行事などは、そのシチュエーションに合った「きちんとした服」を選ぶようにしています。また、初めての方に会う時や、初めての打ち合わせには、なるべくジャケットを羽織るようにしています。それは、**相手に不快感を与えない服を選ぶというリスクヘッジでもあり、相手に対する配慮**です。

物事のけじめや決まりを守る人を「折り目正しい人」と言いますが、洋服の折り目をきちんとつけることと、無縁ではなさそうです。

Tシャツにもアイロンをかける。

大人になったら、カジュアルウエアをカジュアルに着てはいけません。Tシャツにもアイロンをかけて、きれいに着ましょう。お肌のシワが増えてくるのに、シワのある服を着るなんて言語道断です。これは50代になって新たに加わった私のおしゃれの掟《おきて》です（お肌のシワとTシャツのシワを合わせても決して〝シアワセ〟にはならないのです）。

大人のTシャツの着こなしのコツは、きちんとアイロンをかけて、ジャケットの下に着たり、アクセサリーをプラスすることです。ラグジュアリー・カジュアルな着こなしを楽しんでください。

Tシャツは、女性の大事なファッションアイテムですが、もともとは男性用下着だったのです。だからこそ着こなしが難しいのかもしれません。

素敵な下着を身につける。

まずは、ちゃんとサイズを測りに行くこと。素敵な下着は、お守りのようなものです。

見えないからといって、下着をおろそかにしてはいけません。どんなに着飾っていても、くたびれた下着をつけていると、どこか後ろめたい気持ちが生まれて、無意識のうちに滲《にじ》み出てしまうものです。何より、自分自身が心の底から楽しめないのではないでしょうか?

素敵なランジェリーを身につけられるのは女性の特権です。時には機能性だけでなく、うっとりするようなレースの下着を身につけて女性らしい気分に浸りましょう。何も高級輸入下着でなくてもいいのです。バーゲンを狙ってもいいですね。

勝負下着はもう必要ないですか？　たとえそうだとしても、親しい女友達との温泉旅行で自信を持って服を脱げるくらいのものはいつも身につけていたいものです。清潔感はもちろんですが、人様の目にふれないものだからこそ、デザインやカラーを楽しみましょう。

ちょっと贅沢で、自分だけの秘めやかな悦《よろこ》びをもたらしてくれるのは、美しい下着だけなのです。

高価な服でなくていい。清潔な服を着る。

どんなに高級な服を着ていても、トレンドの服を着ていても、それが薄汚れていたら品性を疑われます。それは大人になればなるほどダメージが大きいものです。たとえ服が高価でなくとも、いつもパリッと清潔であれば、それだけで好印象を残します。

特に夏ものは、頻繁に洗いたいので、家庭で洗濯ができる服を選ぶことも大事です。私はアイロンがけが趣味なので、ほぼ毎日家族のシャツをプレスしていますが、クリーニング屋さんに全面的にお任せしてもよいでしょう。

ファストファッションでもきちんとプレスすると3割増に見えます。

本の原稿を書き始めてから、余計に観察するようになりました。

後ろ姿も美人になりましょう。

「失礼だから、じろじろと見てはいけない」と心の中で思いながらも、電車の中や、道行く女性をつぶさに観察してしまうという癖があります。特にエスカレーターに乗った時などは、前に立つ女性の後ろ姿が嫌でも目に入ってきます。アウターに浮き出たブラのハミ肉、スリムパンツにくっきり下着の線、ほつれたスカートの裾、ジャケットのセンターベントのしつけ糸、ワンピースのシワやシミ、すり減った靴の踵《かかと》、傷ついてめくれたヒール、痛々しい靴ずれの跡、乾燥して化石化した肘《ひじ》……この辺で止めておきましょう。「あ〜、ご本人は気づいていないのだなぁ」とお気の毒になりますが、見ず知らずの方に余計なことを申し上げるわけにもいかないので、〃人のふり見て我がふり直せ〃と自分自身に重ね合わせて、これも勉強と感謝する次第です。

私のように、他人の後ろ姿を観察するという趣味を持ち合わせていないとしても、ふいに人の後ろ姿は目に入るものです。

私も、これまでに数々の失敗を重ねてきました。ワンピースの背中のファスナーを上げきらないまま外出してしまったことは一度や二度ではありません。

一番恥ずかしかったのは、買ったばかりのワンピースを急いで着込んで出掛けた時のこと。羽田空港の保安検査場に並んでいる時に、後ろから「すいません」と声をかけられ、次に続く言葉が「野宮さんですよね？　ファンです♥」だと信じて振り向いた自意識過剰な私に投げかけられた言葉が「襟元にタグがぶら下がってますよ」だったことです。

気の置けない人に、普段の後ろ姿の写真を撮ってもらったり、率直な感想を伝えてもらったりするのもいいですね。

値段とブランドを見せびらかして歩いていたなんて！　〝顔から火が出る〟という慣用句を本当に理解した瞬間でした。

自分の後ろ姿は鏡がないとチェックできないものです。でも**他人からは、３６０度あらゆる角度から見られていることをお忘れなく**。身だしなみは整っているか、立ち姿は堂々と美しいか。後ろ姿はその人の美意識を映し出しているものです。顔から火を出さないためにも、出掛ける前には必ず後ろ姿もチェックをしましょう。

バックシャンを気取るなら。

「バックシャン」という言葉は、とっくに死語になったかと思いきや今でも使われていると知って逆に驚きました。60年代くらいまでは普通に会話で使うほどポピュラーだったはずです。その意味は、ファッション用語で〝後ろ姿美人〟。

胸に自信がある方が、胸元を大きく開けて女性らしさをアピールするように、背中やヒップに自信がある〝バックシャン〟は、後ろ姿で勝負ができます。背中が大きく開いたドレスを着たり、ネックレスをあえて後ろに垂らしてみたり、背中にリボンやボタンなどのデザインが施されたトップスで、アピールすることもで

浴衣の時のうなじ、背中のうぶ毛にも気をつけてください。特に男性には必ず見られていますから。

きます。**後ろ姿に気を配るのは、身だしなみのチェックだけではない**のです。

ただしバックシャンを気取るなら気をつけていただきたいことがふたつあります。ひとつは、背中が大きく開いたドレスを着る時は、どうか背中のニキビやうぶ毛のケアを忘れないでください(他人は必ず凝視しています!)。もうひとつは、背筋を伸ばすこと。猫背ではせっかくの後ろ姿美人が台無しです。

「バックシャン」の意味を調べてみると、「後ろ姿が美しくて期待したけれど前はそれほどでもない」というニュアンスも含まれているようです。なんと失礼な! 絶対にそんなことを言わせないためにも、前も抜かりなく美しくいきましょう。

10歳若く、身長が2センチ高く、ウエストが5センチ細く見える方法。

20代前半に、初めてロンドンへ行って最初に驚いたのは、女性たちの歩き方が美しいということでした。颯爽《さっそう》としたその姿がロンドンの街並みを彩って、目に焼き付いています。

思い思いのおしゃれをした英国女性たちが、背筋を伸ばし、顔を上げて、膝をまっすぐにして歩く姿は、当時の日本女性とはまるで違って見えたのです。カルチャー・ショックでした。私は、ロンドンの街並みに少しでも溶け込みたくて、彼女たちの真似をして背筋を伸ばして歩いてみました。少しだけロンドンの女の子

旅はさまざまな気づきを与えてくれるもの。若い時も大人になっても、できるだけ旅をしたいものです。

「姿勢・表情・清潔感」の3つをお忘れなく。カンタンに若く、美人に見える方法です。

に近づけた気がして嬉しくなったものです。

その頃の私は、洋服やメイクで着飾ることばかりに夢中で、どうしたら自分を美しく見せられるか、自分の振る舞いや仕草の演出まで頭が回っていませんでした。日本では猫背で膝を曲げたまま、おぼつかない足取りで歩いていたはずです。

職業柄、歌手としてステージ、写真、ミュージックビデオ、テレビなどで人から見られることが常です。デビューから36年間、さまざまな場面で自分の姿をチェックする機会があったおかげで、どうしたら、その時の自分が一番美しく見えるのかについては、経験と共に身についたテクニックがたくさんあります（詳しくは、拙著『赤い口紅があればいい』を参照くださいね）。

その中でも特に大事なのが姿勢です。たとえどんな体型であっても、姿勢が良く、歩き方が美しければ、その方は10歳も若く見え〝姿勢美人〟と言われる可能性が上がります。

さあ、姿勢を正してまっすぐ立ってみましょう。胸を開いて、首を長く伸ばすイメージです。それだけで、身長は2センチ高くなり、ウエストは5センチ細くなります。**顔を上げ、膝を伸ばして優雅に歩けば、自信に満ちた幸せな人に見えます。**

前方から歩いて来る人と、お見合いになって気まずい思いをすることはまずありません。どんな紳士も「どうぞ、お先に」と、あなたのためにさっと道を譲ってくれるでしょう。

自分の姿を客観的に見るには、鏡に近づきすぎないこと。1・5メートルくらい距離をとりましょう。

最終的には、靴ですべてが決まる。

お出掛け前の最終チェックは、靴を履いて姿見の前に立ちます。いくらコーディネートが完璧でも、靴が調和していなければ、おしゃれが台無しになってしまいます。服のスタイルや色と靴がマッチしているかを客観的に判断してください。

その日の行動で、靴選びは変わりますが、機能を重視するとおしゃれ度が下がるのが悩みどころです。洋服とのバランスと諸条件を考えてベストなものを選びましょう。

とかく、おしゃれがわからないという人は、おしゃれに見えるポイントである靴の重要性を理解していない場合が多いもの。靴

靴は最低でもカジュアルなローファー、スニーカー、パンプス、バレエシューズ、ブーツの5足を揃えます。流行の靴はワンシーズン楽しめればいいので手頃な値段でOK。

にかける費用を削って、その分で服に投資しがちです。正解はその逆です。

例えばグッチのホースビット・ローファーは普段履いている靴の3足分の値段だとしても、シンプルな白いシャツとチノパン、赤いカーディガンを差し色にしたコーディネートにより説得力を与えてくれます。

靴を消耗品と考えないで、騙されたと思って靴に投資してみてください。良い靴はきちんとメンテナンスをすれば、10年以上持ちます。

「ふさわしい靴を与えれば女の子は世界征服することだってできる」と言ったのはマリリン・モンローです。最終的におしゃれを決めるのは靴なのです。

おしゃれに自信のない人は迷わず、靴だけは上質なものにしてみましょう。誰が見ても、どこのブランドかわかるシグネチャーを利用すると、今着ている服の格上げを確実にしてくれる頼れるアイテムになるはずです。

足元を見られないよう、足元を一番おしゃれに見せるというのは、賢者の選択です。

ドレスコードは自分で作る。

洋服をコーディネートする時に、ストーリーを作るのが好きです。例えば蚤《のみ》の市《いち》で見つけたヴィンテージのトーク帽を中心に、コーディネートを考えてみます。

レオパード柄のトーク帽は50年代のものです。そして連想ゲームのように、「トーク帽→50年代→グレイス・ケリー→クールビューティー」といった具合に頭にイメージが浮かんできます。

さらに「グレイス・ケリーが秋にイタリアのコモ湖の別荘に飛行機で小旅行するなら……」という勝手なストーリーを作ります(妄想とも言えます)。

トーク帽とは、つばのない浅い筒型のクラシカルな帽子のこと。

会う相手の好きなものを想像しておしゃれをしてみるというのもいいですね。

そして「手持ちのベージュの手袋と、クラシックなバッグに、ペンシルスカートを合わせてみよう」などと、コーディネートを組み立てていくのです（なんて楽しいことでしょう！）。

日本の伝統的な着物の世界では、季節感を表す植物や動物の柄の着物と、帯や帯留などの小物を組み合わせてストーリーを作るという楽しみがあります。

私は息子の中学校の卒業式に、波の文様の江戸小紋の着物に、船の柄の帯を締めて、彼の「船出」を祝う気持ちを表現しました。着物が持つこうした粋な計らいや遊び心は、着る人自身も、それを目にする人をも楽しませ、もてなしてくれるものです。

おしゃれは想像力です。銀幕の女優やミュージシャンの着こなし、絵画や写真集、時には街ですれ違ったおしゃれな人でさえ、「何だか素敵！」と思ったことがあれば、記憶の引き出しにストックしておきましょう。想像力が豊かになって、自分だけのドレスコードを思いつくようになります。

これまで何に興味を持って、何を見つめてきたのか、その人の人生そのものが、おしゃれに影響するのです。

ハイヒールは女性をエレガントに見せるアクセサリー。

いくつになってもハイヒールを諦めないで！ これほど、女性をエレガントに見せてくれるアクセサリーはないのですから。ハイヒールが辛いという方は、目的地まではフラットシューズで行って、そっと履き替えましょう。

女性を美しく見せるものは、得てして緊張感を強いられるものです。楽ばかりしていると、いざという時に慌てふためきます。時にはスーツなどの緊張感のある服を身につけ、いつでもハイヒールを履ける準備だけはしておきましょう。

良い靴を買いましょう。良い靴は、足にマメを作りません。

定番の黒、ベージュの他に、コーディネートのアクセントになる鮮やかな色をセールをねらって買い足しましょう。

自分の足の形に、ぴったりと合う靴と巡り逢えたら、ぜひ色違いで揃えてください。

シーズンごとにトレンドの靴を1足取り入れると、去年のワンピースが最新流行に見えます。

もしも、夢のように美しい靴（ハイヒールであることがほとんど）と出会ったなら、実用性は捨て、美術品として手に入れてもいいのです。たとえ履かなくても、観賞用として心が満たされます。

最後に、どんなに素敵な靴を手に入れても、歩き方がおぼつかなければ魅力的には見えません。街を歩く時にショーウインドウに映った自分の姿をチェックして、颯爽と歩けるように練習をしましょう。美人にはハイヒール筋の発達がマストです。

ステイタスもユーモアも
バッグで表現できる。

日常に使う基本のバッグにこそ、信頼のおける一流ブランドに投資をしてもいいでしょう。確かな品質で、流行にも左右されないため長く使えます。同時にステイタスも手に入るのですから、奮発のしがいがあります。

とはいえ、私はというと、一流ブランドのバッグは、それほどたくさん持っていません。みなさんが憧れる、かの有名なケリーバッグや、バーキンが欲しくないと言えば嘘になりますが、憧れのバッグを持つ人になるよりも、グレイス・ケリーのように、ジ

大人の女は、一流品も遊びも、振り幅大きく楽しみましょう。

エーン・バーキンのように、自分の名前がついたバッグを作ってもらえる人になりたいと思います（思うのは勝手ですもの！）。

手頃な値段の、遊びのあるバッグも大好きです。シャンパンボトルや香水瓶の形など、ユーモアのあるデザインのバッグは、それ自体がアクセサリーになります。全身を一流ブランドで固めずに、時にはバッグで遊んでみると、可愛らしさやオフビート感を演出できます。パーティで初めてお目にかかる方と、バッグが会話の糸口になることもあるのです。

似合うメガネとサングラスは、即買いで。

メガネは、掛けるだけで顔の印象を変えてくれる便利なアイテムです。私は目が良いのでメガネは必需品ではないのですが（老眼鏡は必需品になりました）、おしゃれアイテムとして伊達《だて》メガネをいくつか持っています。

メガネ好きのおしゃれな方は、ウエリントン、ボストン、キャットアイなどのバリエーションを、色や素材を変えて毎日楽しんでいます。有名メゾンも毎年新しいアイウエアを発売しますし、リーズナブルでデザインと機能性を持ったメガネ屋さんもたくさんありますので、上手く使い分けるとよいでしょう。

サングラスは、もはや洋服の一部と考えているので本当にたくさん持っています。１００個はあるでしょうか。さらに、紫外線カットでシミ・ソバカスを予防してくれますし、アイメイクをサボッてもサングラスを掛けるだけで外出できます。昔の女優を気取って、大きなサングラスで顔を隠し、映画の主人公になる楽しみもあります。タイプの違うものを最低でも3つ持っているとコーディネートの幅が増えます。

メガネとサングラスは自分の顔に合っていることが大切なので、似合うものに出会ったら、常に即買い！　をルールとしましょう。

昼でも夜でも、夏でも冬でも、スター稼業にサングラスは必需品。

たくさん試すと、似合うものと似合わないものを知ることができます。メガネに顔が慣れてくることもあるので、掛け続けることも大事です。

財布、手帳、ペンで大人の女性を格上げ。

バッグから取り出すアイテムとしては、財布やパスケースなどがあります。財布には、その人のお金に対する考え方が表れるようです。お金持ちの人は、ほぼ90％高級ブランドの高価な財布を持っていますが、お金があるから高級品を買っているのではなく、お金を大切する気持ちの表れだと思います。

私は、長財布と小ぶりの財布を使い分けています。パーティ用の小さなクラッチバッグには携帯電話と口紅を入れたらほとんどスペースがありませんから、必然的に財布も小さくなります。も

おしゃれとは好きなものをこだわりを持って身につけること。それだけで十分です。

ちろん同伴者が素敵なジェントルマンであれば、財布は必要ありません。

手帳やペンなども知的な演出ができるアクセサリーと言えるでしょう。あなたが文房具好きなら、おしゃれアイテムとしてこだわってみると一つの個性になるはずです。ネーム入りの革表紙の手帳や老舗ブランドのボールペンや万年筆なら、大人の女性を格上げしてくれます。

お気に入りの傘なら置き忘れない。

すっかり使い捨てが多くなってしまった傘も、ないと困るアクセサリーのひとつです。天気予報が外れて急な夕立に見舞われ、やむを得ずコンビニエンスストアで間に合わせのビニール傘を買うこともあるでしょう。でも、折りたたみの傘と長傘の最低2本は、お気に入りのものを購入してはいかがでしょうか？　愛着のある傘を持つと、うっかり置き忘れるということが劇的に減ります。これはぜひ試してみてください。

雨の日も、お気に入りの傘のおかげで「雨に唄えば」の気分に浸れるのです。

おしゃれな傘の人たちが雨の日に増えるといいな。

アクセサリーはどんどん重ねる。多すぎたら外せばいい。

バッグや時計といった実用品以外のアクセサリーは、衝動買いが許されるものです。お気に入りのアクセサリーに出会ったなら、安いものも高いものも衝動買いをたくさんしましょう。

アクセサリーは服のように、トレンドや着る人の体型の変化の影響を受けないので長く使えます。ですからアクセサリーは選球眼を磨くよりも、欲望のままに大人買い。ストックをたくさん増やしておくと、コーディネートに大いに役立ち、手持ちの服を何通りにも着こなすことができます。

アクセサリーくらい自由でいいのです。私は蚤の市で買ったりするのが好き。モチーフを決めて、コレクションする楽しさもありますね。

アイリス・アプフェルは今年96歳のファッション・アイコン。大きな丸メガネと重ねづけしたボリューミーなアクセサリーが彼女のトレードマーク。ハイレベルのキャラ美人です。

堅苦しいルールなどありません。とにかくチャレンジあるのみです。気の向くままにどんどん重ねづけして、多すぎるかな？と思ったら外せばいいだけです。無邪気な子供みたいにジャラジャラと遊びながらつけましょう。そのうちにバランス感覚が養われて、短時間でコーディネートできるようになるでしょう。お手本はアイリス・アプフェル。少々トゥーマッチですが、見事なコーディネートは勉強になりますし、何より見ていて楽しいのです（映画「アイリス・アプフェル！94歳のニューヨーカー」はおすすめです）。

特に顔周りにつけるアクセサリーは、色ツヤを失った大人の肌を見違えるように輝かせてくれますので、使わない手はないのです。

イヤリング、ピアスで肌を美しく際立たせる。

イヤリングやピアスは、誰でも気軽に取り入れられるアクセサリーです。小さなダイヤモンドやパール（イミテーションでもOK）のピアスでも、顔周りにあるかないかでは大違い！　小さくてもキラリと光を反射して、肌を美しく際立たせてくれます。存在感のあるフープタイプやドロップ型の揺れるタイプは、顔を小さく見せてくれるだけでなく、シンプルなコーディネートにインパクトを与えます。ショートヘアか、髪をひとつにまとめるなりしてイヤリング（ピアス）の存在感をアピールしましょう。

私は、耳にイヤリングがないと、顔が決まらないと思っています。

私のナチュラルメイクは、赤い口紅とゴールドのフープピアスや大ぶりのエスニックなイヤリングで完成します。顔が引き締まり、輝きがプラスされ、モードな雰囲気を演出できます。

イヤリングやピアスは、顔に一番近いアクセサリーなので、鈍感な男性の目にも留まるようです。

それは、イヤリングを外すセクシーな仕草を想像させるものだからかもしれませんね。これは誘惑のツールとしても使えそうです。

大人は、ボリュームあるネックレスがよく似合う。

二十歳の成人の時に贈られたブランド物のプチネックレスは、想い出と共にずっと残してありますが、十分に大人になった今の私には、このプチな輝きでは少々物足りません。大人のくすみがちな肌を輝かせるにはいくらなんでも小さすぎます。

私にもしも娘がいたら、二十歳のお祝いにはパールのネックレスを贈りたいと思います。**すべての女性に必ず似合う特別なネックレスと言えば、パールです**。フォーマルにもカジュアルにも使えて、一生涯、寄り添ってくれるものです。さらにパールの白に

下半身が隠れてしまう食事の席では、上半身を華やかにするためにもネックレスが重要な役目を果たします。ネックレスの一本のラインがあるかないかでぜんぜん違うのです。

よるレフ板効果もあり、いいことずくめで欠点はひとつもありません。

一連で清楚《せいそ》に装うも良し、ジャラジャラとゴージャスに装っても素敵です。重ねづけするのならイミテーションで十分です。本物の真珠では破産してしまいますし、重くて肩も凝りますから。

私は、重ねづけを楽しむために、コットンパールのネックレスを愛用しています。驚くほど軽くて肩が凝りません。留め金部分がマグネット式になっているので、同じコットンパールのブレスレットとつなげてスーパーロングにしてみたり、想像力を使えば幾通りにも楽しめます。

大人になったら似合うようになるものは、ボリューム感のある大ぶりのネックレスです（小さなネックレスも重ねづけすれば同じような効果があります）。加齢をエレガントな成熟や風格に変えてくれます。自信を持って、楽しみましょう。

ブレスレット好きは、100%おしゃれが好きな人。

もしかすると、最も役に立たないアクセサリーの代表はブレスレット、バングルかもしれません。見つめても時間がわかるわけではないですし、何かの役に立ったという話は聞いたことがありません（赤ちゃんの歯固めの代わりにはなるかも！　うちの息子は私のプラスチックのバングルをお気に入りの歯固めにしていました）。

そんな役に立たないアクセサリーをあえてしている人というのは、100%おしゃれが好きな人と断言できます。

服と同系色にしたり、差し色にしたり、手首の華奢さをアピールできるのもいいですね。

私もブレスレットやバングルが大好きです。**重ねづけしたバングルが腕を動かすたびに奏でる、カチャカチャという音は、おしゃれ心に響きます**。手首につけたアクセサリーは自分の目でいつでも眺めることができるので、目にも嬉しいのです（イヤリングやネックレス、ブローチは鏡を見ないと確認できません）。

ゴールドチェーンのブレスレットに、少しずつチャームを買い足して、自分だけのオリジナルの一本に仕立てるのも楽しいでしょう。お守りのように肌身離さずつけていれば、いつしかそれは、あなたのシグネチャーになります。

ブローチを侮ってはいけない。

ブローチは時代遅れのアクセサリーでしょうか？　ブローチをつける人が昔より減ったせいか、ヴィンテージショップや蚤の市、リサイクルショップで、他のアクセサリーよりも状態の良い掘り出しものを見つけることができます。

ブローチを侮るなかれ。特に大胆でゴージャスなアクセサリーにチャレンジできない人や、コンサバティブなスタイルを好むけれど、おしゃれをもっと楽しみたいという人にうってつけのアクセサリーです。ブローチは、**おしゃれ心をくすぐるストーリーを演出できる優れもの**なのです（p224参照）。

アクセサリーが苦手な人は、ブローチから始めると、アクセサリーの楽しさを実感できるかもしれません。シンプルな服にひとつつけるだけで、ストーリーが生まれますし、ドレスコードをブローチひとつで表現できたりします。一番自由に想像力を膨らませることのできるアクセサリーです。

おしゃれの原点は少女時代の遊びにあります。思い出してみましょう。

モチーフは、動物や昆虫、花やフルーツ、幾何学模様などさまざまです。たとえば、花柄のワンピースに蝶やミツバチのブローチをつければ、〝春の花畑〟の出来上がりです。楽しい遊びのようにストーリーを作りましょう。

ジャケットの襟に、ワンピースのネックラインに、セーターやカーディガンに、ウエストラインに、ベルトに、バッグにと、自由自在に装飾できるものも魅力です。ヘアアクセサリーにチェンジできるコームがついたパーツも売っていますので、ブローチを髪飾りにすることもできます。

ベルトはウエストの監視役。

70年代から80年代に大流行したサッシュベルトを、若い方たちがこぞって巻きつけている姿を近頃よく目にします。久しぶりに女性たちがウエストの存在を思い出したようですね。

何しろ、ここしばらくファッションがカジュアル方向に流れていたので、多くの女性たちにとってウエストは隠すべき存在に成り下がっていたのですから。

大人になるとどうしてもウエスト回りにお肉がつきます。サッシュベルトは、太くなったウエストをさらに強調するだけですから、よほどのマゾヒストでない限り大人は手を出しません。

ウエストのくびれを失《な》くした女性たちは、デニムにシャツをインすることすら放棄するようになりました。そしていつしかデニムのベルトループは過去の遺物となりました。

ワンピースもウエストマークなしのAラインやIラインで、ウエストの太さを不問にしてくれました。

でも、それで問題が解決されるわけではありません。それどころか問題はさらに深刻になります。食べたいだけ食べる、運動をせずにのんびり寝そべっている……ウエストを野放しにしていると、どんどん肥大化します。**一度自由を手に入れたウエストを再び飼い慣らすのは至難のワザ**なのです（ウエストというものは、私たちの思い通りにならない別の生き物のようです）。

そこで、ベルトの登場です。

まず手持ちのベルトで、今の自分にとってベストのウエストサイズを決めます（決して若い頃の理想のサイズに設定しないでく

私もベルトがきつくなったら、たくさん歩いたり、階段を多く使ったりして、調整します。ちょっときついなという時に手を打つのがコツです。

ださい)。それをいつも基準にして、ベルトがきつくなったなと思ったら、食後のデザートを控えたり、いつもより歩く距離を長くします。ベルトの穴の位置で体重の増減を意識していると、徐々にウエストは言うことを聞き始めます。ベルトはウエストの監視役でもあるのです。

理想のサイズに近づいたらしめたもの! ストンとしたIラインのワンピースにあえて太めのベルトをしてメリハリをつけたり、細いベルトでポイントを加えたり、チェーンベルトをローウエスト気味につけて胴回りをスッキリ見せたりしてウエストにご褒美をあげましょう。

監視役からモードまで、ベルトはユーティリティ・アクセサリーです。

帽子、ターバン、カチューシャを華やかに使いこなす。

一昔前は、女性は外出する時は必ず帽子をかぶりました。正装をする時には帽子と手袋がセットでした。帽子は暑さ寒さをしのぐものではなく、装飾が施されたトーク帽や、ベールがついたデザインなど、エレガントなアクセサリーのひとつでした。

今は、真夏の日差しを避けるためのつば広のストローハットや、コンパクトに折りたたんでバッグに収まるラフィア素材のキャペリン、防寒用のニット帽や、フェルト素材のボルサリーノなど、実用性とおしゃれを兼ね備えた帽子が主流です。私は帽子が大好

帽子もトレードマーク、キャラクターになりやすいですね。いつもテンガロンハットやベレーをかぶっている知り合いもいますが、みなさんおしゃれです。

きなので、かなりのコレクションを持っています。好きが高じて帽子をプロデュースしたこともあります。

ステージ衣装では頭にポイントがあると、抜群に見栄えがよくなるので、ヘッドドレスなどを頻繁に使います。あなたにステージで歌う機会が訪れなかったとしても、**ドレッシーな装いをする時に、アクセサリーとしての帽子を楽しんでみませんか？** 上級者のおしゃれ術ではありますが、ベール付きのトーク帽は、大人の女性の目元を優しくカモフラージュして、驚くほど美人に見せてくれます（アルバム「男と女〜野宮真貴、フレンチ渋谷系を歌う。」のジャケット参照！）。最近はカチューシャタイプのベールもありますので使いやすいでしょう。

帽子はハードルが高いという方は、ターバンやスカーフを頭に巻いても華やかです。ヘアスタイルが決まらなかった時のお助けアイテムにもなりますので、チャレンジしてみましょう。

年齢が表れやすい手は手袋でうまく隠す。

冬の寒さをしのぐための手袋だけでなく、美しいレースや透ける素材のおしゃれのための手袋は魅力的です。パーティなどのシーンを華やかに演出してくれます。最近では、指先がないタイプのものもあるので、マニキュアと調和させてもチャーミングですし、スマートフォンの操作も問題なくできます。

手は年齢が表れやすいパーツなので、気になる方は上手に手袋を使うといいでしょう。手袋にはサイズがありますので、野暮に見えないように、必ずジャストサイズを選びましょう。

色と素材で、ファッション小物として使うとおしゃれです。冬はコートのアクセントとして、夏にはレースの手袋で。ステージに立つ時は、マイクを持つ手がアクセントになるので、私もよく手袋をします。帽子もそうですが、日常を華やかにするアイテムです。

アイデア商品はエレガントとは無縁なようです。

最後に、ジェルネイル愛好家の方にアドバイスです。急なお通夜、お葬式に取るものもとりあえず駆けつけなければならない時、サロンでジェルをオフする時間もないはずです。そんな時は、真っ赤なネイルやキラキラのラインストーンを隠してくれる、黒レースの手袋が役に立ちます。

ただし、お焼香の時には取らなければいけないという問題を残していました。ところが先日、百貨店のブラックフォーマル売り場で、右手の親指、人差し指、中指の3本の指先が開いて、手袋をつけたままお焼香ができるというアイデア商品を見つけました。確かに問題はクリアされますが、これはレディの装いとは言えません。ベージュのマニキュアでネイルをカバーしておいて、お焼香のときは黒レースの手袋を外すのが得策でしょう。

ストール、スカーフの使い方は無限大。

90年代にパシュミナ（カシミヤよりも繊細な山羊《やぎ》の毛織物）のストールが大流行しました。私もご多分に漏れず、キャビンアテンダントの知り合いにニューヨークへ行くついでに買ってきてもらいました。定番の黒とショッキングピンクのパシュミナは今でもクローゼットの引き出しに眠っています。さすがに年月によって風合いが落ちましたが、黒の方は普段使いなら、まだ出番がありそうです。

パシュミナは、今ではどこでも手に入ります。大判のものはコート代わりにもなりますし、肩からやや落とし気味に羽織れば上

エルメスのカレを買って損することはありません。


品でセクシーな演出にもなります。

パシュミナやウールが秋冬の定番だとすると、春夏の定番はシルクコットンの薄手のストールになります。非常に軽くて丸めると小さなバッグにも収まるので、カーディガンの代わりに冷房対策としても重宝します。

私は、リゾート地で水着を着た時に便利に使いました。ビーチチェアから立ち上がる時に、気になる下半身にサッと巻いたり、首にマフラーの要領で巻くと水着姿がゴージャスになります。ベーシックカラーと、差し色で使えるブルーや赤など（パステルカラーよりビビッドカラーを！）何色か揃えれば、どんな服にもマッチするでしょう。

スカーフといえば、エルメスでお馴染みのカレ（シルク素材の正方形）が有名です。スカーフ一枚でシンプルなワンピースやスーツの印象をガラリと変えることができ、コーディネートにメリハリがつきます。

首元に巻くのはもちろんのこと、バッグに結んでアクセントにしたり、ヘアバンドやベルト、ベアトップやホルターネックのトップス代わりにも。小さめのサイズなら手首に巻いたり、大判ならパレオにもなります。イマジネーション次第で、使い方は無限大です（p225参照）。エルメスのスカーフの結び方解説アプリ（SILK KNOTS）もありますので、大いに参考にしてスカーフで日常を彩ってみてはいかがでしょう。エルメスのカレは、年齢を重ねた女性に華やかさと品格、そして遊び心を与えてくれる定番中の定番です。値段も手に届く範囲ですので、毎年、誕生日に1枚ずつ買い足すというのも素敵ですね。

スカーフ使いが上手だなといつも感心するのは、国際通貨基金（IMF）初の女性専務理事のクリスティーヌ・ラガルドさん。1956年生まれの彼女はシルバーグレーのショートヘアにシンプルなスーツ姿で、いつもスカーフをさまざまなバリエーションで結んでいます。年齢が出やすい首周りをふわりとカバーして、スカーフの鮮やかな色柄で程よい華やかさを演出しているのは、いつ見てもさすが！　パリのマダムのスカーフ使いは上手い！と感心しきりです。

　私は、旅行へ行く時にいつもスカーフを4枚ほど持っていきます。軽くてスペースもとらず、旅行用の限られたワードローブを何通りにも新鮮に見せてくれるからです。そして、帰りには風呂敷代わりに洋服類や小物類を包んでトランクへ収めると大変便利です。

　ストールやスカーフは、ただの四角い布ですから、決して流行に左右されることなく、ドレッシーな装いにもカジュアルにも使え大変重宝するので、なくては生きていけないアクセサリーの仲間入りといたしましょう。

スカーフ、ストール使いは、ずっと研究中です。旅行で新しいパターンを思いつくことが多いので、いろいろ試してみたいと思います。

いつまでも水着を諦めたくない私の方法。

夏が近づくとファッション誌で、「夏までに痩せる！」といった特集が組まれます。そうは言われても、努力に見合った肉体が手に入るとは到底思えない50代。というよりも、そんな気力もない私です。

それでも、素敵な水着姿を目指したい！　今の体型を少しでも良く見せて、水着を楽しみたい！　と思うのが女心。

洋服であれば、体型カバーのテクニックがいろいろとありますが、水着は身体のラインがそのまま出るので、ごまかしがききま

実は大人を美しく見せる水着を売っているショップを探すのが大変でした！　店頭で目につくのは、若い人用の水着ばかり。ネットでたくさん検索しました。


せん。

50代の水着は夢物語なのでしょうか？　いえいえ、何事にも救いの手はあるのです。ネットでいろいろ調べてみると、水着の下につけるアンダーウエアに体型カバーの機能がついたものがたくさんあったのは発見でした。

まずは水着用ヌーブラ。通常のものよりコンパクトにできていて、たとえ三角ビキニの下につけても見えることはありません。年齢により下がったバストを持ち上げてくれる頼もしいアイテムです。そして、水着用ヒップパッドや下がったヒップを持ち上げてくれるガードル機能のついたアンダーショーツだってあるのです。日本が世界に誇る至れり尽くせりの機能性に改めて感動です。

私は何事もなかったように高機能アイテムをワンクリックし、人気の少ないオフ・シーズンを選んで、アジアのビーチ・リゾートにそそくさと出掛けたのでした。

今こそ挑戦したい
セクシーファッション。

学生時代の制服はスカートをミニ丈にカスタマイズ。ＯＬ時代の通勤服は80'sストリート・ファッション。その後は、みなさんご存じの通り歌手となり今に至るので、ファッションに関しては、いつの時代も自分の好きなものばかりを着てきました。

でもひとつだけ踏み入れたことのないゾーンがあります。それはセクシーゾーン。女性の色気をわかりやすく演出したモテファッションのひとつということになるのでしょうか。

意外に思われるかもしれませんが、これまで男性目線をまったく意識しないファッションをしてきた私は、セクシー＝男性の欲望を喚起するような装いや振る舞いはまったくしてこなかったのです（ボーイフレンドの好みに合わせたこともありません！）。

十代後半は男性のロックスターに憧れ、しかもそれを追いかけるグルーピーでなく、ロックスターそのものに同化したかったので、自分のことを「ボク」と呼んでいたくらいですから……。男性にちやほやされるようなセクシーさとは程遠い青春を、そしてその後の人生を過ごしてきました。

ところがここにきて、還暦まであと3年という年齢になって、やり残したセクシーゾーンにチャレンジしてみようかと思い始めています。

例えば、シャツの胸元のボタンを大きく開けてみる？　スカートのスリットから足をちらら見せ？　ハイヒールに編みタイツをはく？　フランス女優のように髪をアンニュイにかき上げる？　それとも、若い男の子たちを従えて歩きましょうか？

どうやら今まで縁のなかったセクシーゾーンに関しては私の想像力はあまり働かないようです。

私は、男性だけに向けたセクシーさというよりも、女性の中にある華やかでフェミニンな部分をスタイリングで表現してみたいのです。外見だけでなく、**内面から醸し出される女性としての優美さを身につけたい**と思っています。

年齢を重ねると女性として見られなくなるという寂しさに囚《とら》われる時もあるでしょう。だからこそ、自分の中にある女性的な部分を今まで以上に意識してみる。

たとえば、ジュリアン・ムーア（私と同じ年）の知的な美しさ、カトリーヌ・ドヌーヴのしなやかな気品。彼女たちの顔に刻まれた知性や威厳を、私も持てたら……。

50歳を過ぎたからこそ、セクシーさというものを男性の気持ち

セクシーとは、女性として自信に満ちて堂々としていることではないでしょうか。独りで立っていること。イタリアの元モスキーノのデザイナー、ロッセラ・ジャルディーニの気高いセクシーさに憧れています。インスタグラムをチェック。

を捉える手段ではなく、女性であることのアイデンティティや、女性らしさの発露として、無理なく、持て余さず、優雅に、時にゴージャスに、身に纏える時がやっと来たのだ、と思っています。

自分の自由と尊厳のためのセクシーを、愛しい自分のために。

年齢は、超越することにしました。

外見は十分すぎるほど大人になっている私ですが、内面はといえば、若い頃とさほど変わっていないというのが正直なところです。感覚としては30代後半でしょうか。

50代にもなれば、もっと落ち着いた品位ある大人の女性になるものと思いきや、現実はまったくそんなことはありません。

容姿は嬉しくない方向に日々変化していくのに、気持ちだけは相も変わらず若い頃のままでいることに気づかされます。そのギャップと折り合いをつけながら、いかに成熟して生きていくのかが、50代の課題なのかもしれません。

30代のピチカート時代は年齢非公開だったので、活動中の10年間が抜け落ちているような感覚があります。

私は、昔から、恋愛相手との年の差などはまったく気にしないタイプでした。誰もが自分はまだ若いと思ってますよね？でしたら、ギャップに悩まずにジャンプした方がいいと思います。

でも時には、「年相応」を無視して楽しんでしまうのもありだと思います。

上品で知的な〝大人のおしゃれ〟は、然《しか》るべき時に、然るべき場面では登場させますが、そればかりだと退屈してしまいます。私が実践しているのはむしろ「エイジレス・エイジング」。**加齢に抗《あらが》うのでもなく、受け入れるのでもなく、超越してしまうこと。**つまり、何も気にしないで自分の心に任せてその日その日を楽しんでしまうことです。

ありったけのアクセサリーを重ねづけして、あえての〝トゥーマッチ〟を楽しんだり、全身を同色で統一したり、柄ON柄でコーディネートしてみたり、大人だって、いえ大人だからこそ、時には羽目を外して好きなものを好きなように着て楽しんだっていいのです。その場合〝おしゃれ〟は二の次。自分が楽しければそれで良し！　です。

メイクは楽で得な〝時短メイク〟が大好き。

気持ちは、「エイジレス・エイジング」。とはいえ、好ましくない変化は次々に現れます。そのひとつひとつに真剣に向き合っていくと、メイクの工程も気が遠くなるほど増えていきます。失くしたものを補おうとすればするほど、時間もお金も手間もかかるのです。おまけに年をとるとすべてが億劫になってくるもの。よほどの意志と体力とメイク愛がないと、途中で挫折してしまいます。

そんな時は、**目の錯覚でも、アイデア商品でも、使えるものは**

メイクは簡単に楽しくできることが一番大事だと思っています。

何でも使って、大人の知恵で楽して得する〝時短メイク（ほどほどメイク）〟で乗り切りましょう。

化粧品も日進月歩です。時短メイクに役立つ、新しいメイクアイテムも続々と出ています。最新の情報も仕入れて、今の自分に必要なものは積極的にトライしてみましょう。

実は、若い人向けのプチプラ商品の中にも、大人が使える便利なアイテムがありますので、娘さんがいる方はぜひ訊《たず》ねてみてください。

私たちの世代は「メイクは丁寧にしっかりするもの」という思い込みが強い人が意外と多いもの。しっかりメイクはハレの日に登場させて、普段は私がこれから紹介する時短メイクで軽やかに過ごしましょう。

今はストレートな太眉がブームですが、再びアーチ眉がトレンドになると予言できます。流行とは、そのようにして繰り返すものだからです。

大人の眉にも〝眉ティント〟が便利です。

眉を制するものは美を制するといわれるほど、重要なパーツである眉。顔の印象の8割が眉で左右されるそうです。にもかかわらず眉メイクが苦手な方が多いのも事実です。私たちの世代は、若い頃に流行った細眉に憧れ、毛抜きでせっせと抜いて美しいアーチを作ったものです。その影響なのか、女性ホルモンの減少によるものか、眉が薄くなったと感じている方も多いでしょう。

それなのに、ここ数年の流行りはストレートな太眉。薄くなった大人の眉にはなかなかハードルが高いのです。でも、眉のトレ

塗っている姿は決して見られてはいけません。イモトアヤコさんのモノマネをする楽しみはあります。

ンドを少し意識すると現役感のある若々しい印象になれますので、ここは抜かりなくいきたいところです。

そこで登場するのが、韓国から火がついた〝眉ティント〟。今、若い女性に大人気ですが、薄くなった大人眉にこそ必要なアイテムです。

〝眉ティント〟とは、眉の上から塗ることで、まるでアートメイクのように皮膚を一時的に染めてしまうというもの。一度塗ると1週間ほど持つので、スポーツで汗を流す時も、スイミングや温泉でも美しい眉をキープできます。何より土台ができているので眉メイクが驚くほど楽になります。

普段メイクにこそ赤い口紅を。

前作『赤い口紅があればいい』にも書きましたが、お手本はパリのマダムの赤い口紅。彼女たちは「ナチュラルで、さりげない美しさ」を好みます。でもナチュラルとは、何もしないということではありません。マダムたちは、「さりげなさ」をしっかり演出しているものと心得ましょう。

赤い口紅は、よそゆきメイクにしか使えないと思いがちですが、実は普段メイクにこそ力を発揮します。

普段メイク＝ナチュラルメイクと考えると、口紅はつけないでリップクリーム程度、またはピンクベージュなどのナチュラルカラーの口紅をつけるのが一般的かもしれません。

若い方でしたら、それが正解です。でも、大人の私たちを美しく見せるには、色味とメリハリが足りません。大人のナチュラルメイクを、もう一歩底上げしたいのです。

そこで、赤い口紅の出番です。塗る手間は同じなので、ピンクベージュから赤い口紅に持ち替えるだけ。赤の効果で、きちんと感もあり、シックでモードな普段メイクが完成します。


私のメイクが、簡単なのにしっかりメイクしているように見えるのは、赤い口紅のおかげです。

私の普段メイク＝大人のナチュラルメイクの手順。

毎日の普段メイクですから、できれば5分程度ですませたいですよね？　ここで、私の普段メイク＝大人のナチュラルメイクの方法をお伝えします。

①ヘアをひっつめる（大人の後れ毛は、ただの疲れた人にしか見えないのでヘアワックスで撫《な》でつける）。
②洗顔後、化粧水と美容液で肌を保湿。
③BBクリームをファンデーションブラシで大雑把に塗る。

赤い口紅をつけると
肌が白く見えるので
ファンデーションは
薄めでOK！

目力が欲しい人はアイラインを引いてもよいですが、ナチュラル感が減ります。

お手本はイギリスのシンガーのシャーデー。

④パウダーを軽くはたく。
⑤眉をしっかり描く（眉ティントをしていると楽！）。
⑥目元はあえて手をつけない（余裕があればパールの練りアイシャドウを指でひと塗り）。
⑦赤い口紅を塗る（ティッシュで軽く押さえて、セミマットにする）。
⑧赤い口紅を頰にのせ指でぼかす（もちろんチークを塗ってもよいが口紅だと時短になる）。
⑨仕上げに大ぶりのピアスやイヤリングを！（小顔効果あり！）

私にとってこのメイクは、あくまでも仕事がない時の普段メイク＝ナチュラルメイクです。これを〝素顔〟と考えています。

「どうせ誰にも会わないから……」と、すっぴんで出掛けた時に限って昔の彼氏に出くわす、なんていう歌の文句のようなことが

若い時からすっぴんは見せない主義でした。

起こらないとも限りませんから、ナチュラルメイクを施して〝素顔〟のベースアップをしています。完全なすっぴんを見せるのは、家族とヘアメイクさんくらいです。

〝野宮真貴〟になるには、ファンデーションでベースメイクを丁寧に施し、アイシャドウ、アイライン、マスカラが加わります。ステージや撮影では、ハイヴィジョン対応ファンデーションになり、アイラッシュが加わります。

メイクが完成したら、モードなファッションに身を包み、姿勢を正して、いざステージへ！

チークは頬に入れない。

チークは笑った時の頬の一番高い位置に入れると長年信じてきました。ところが、すべてのパーツが下がる大人の顔においては、今までの位置にもう頬はありません。ですから正解は、笑った時の頬の一番高いところのさらに上、つまり目の下からこめかみに向かって筆を動かすイメージです（p227参照）。これでリフトアップ効果も狙えます。そして、もう若くないからと、地味なブラウン系を選ぶと余計に肌がくすんで見えるので、明るいオレンジやピンク系を使いましょう。**少しつけすぎかな？　というくらい思いきってつけて、華やかに！**

チークは欠かせません。血色を足すことで健康的で若々しい印象になります。疲れたり、体調が悪く見えたりしたら損ですからね。

パール入りは光の反射で肌にツヤが出るのでおすすめです。

隠したい気持ちが出すぎないように。潤いをキープした方がシワも目立ちにくいのです。

大人の正しいベースメイクとは。

シミやくすみを隠したい一心でファンデーションを厚塗りしては、古い人にしか見えません。テカリを気にしてマットな質感に仕上げるのもタブーです。若々しさの象徴である、**内から潤ったようなツヤ肌を目指しましょう**（テカリとツヤは別物です）。

目元と口元の筋肉がよく動くエリアは、厚塗りをすると余計にちりめんジワやほうれい線が目立ちます。仕上げに微細パールのハイライトパウダーを顔の上半分にフワリとブラシで足します。

ファンデーションとお粉は薄く、ハイライトでツヤ感をプラス。これが大人のベースメイクの正解です。

マニキュアを5日間持たせる方法。

手は年齢が出るパーツです。日頃から保湿を心がけ、爪のお手入れをいたしましょう。

ジェルネイルも良いのですが、人工的な質感が少々トゥーマッチに感じたなら、マニキュアもいいものです。爪に優しいオーガニック・マニキュアだとさらにフィットします。

でも、マニキュアはジェルネイルほど持ちが良くありません。せっかく綺麗《きれい》な色を爪にのせても先端が剝《は》がれていては、日頃の手入れを怠っていると宣伝しているようなもの。それならいっそのことすっぴん爪でいるほうがましです（美しいすっぴん爪には

爪のエッジから塗ることが、マニキュアを剥がれにくくする最も大事なコツです。

それなりのケアが必要ですが）。
だからと言って、週に何度も塗り直すのは爪を傷める原因にもなります。そこで、マニキュアを5日間持たせるテクニックです。

①爪の余分な油分などを拭き取り、ベースコートを塗る。
②マニキュアを爪のエッジから塗り、全体を塗る。
③完全に乾いたらトップコートをエッジから全体に塗る。
④2日おきにトップコートを重ね塗り。
⑤気づいた時にいつでもオイルやバームをすり込み保湿。

これで、マニキュアの持ちは格段に良くなりますが、もし、爪の先端のマニキュアが剥がれてしまったら応急処置をします。

①同じ色で剥がれた部分をリタッチ。

シャンプーの時に爪を立てて洗うと、頭皮にも爪にもよくありません。

優雅な気分で塗りましょう。リラックス効果もあります。

②別色でフレンチネイル（ラメ入りカラーだと簡単）。
③または、ラメ入りマニキュアでグラデーション。
④最後にトップコートを重ね塗り。

それでも、マニキュアがすぐに剥がれてしまうという方は、家事やデスクワークでの動作が雑になっていませんか？ **エレガントな所作を心がければ、マニキュアが剥がれることも少なくなる**でしょう。マニキュアは、女性の外見と振る舞いを優美に見せてくれるツールなのです。

マニキュアは完全に乾く時間を確保できるお休みの日に、テレビでも見ながら塗るに限ります。決して出掛ける直前に塗るようなことがないようにしてください。慌てていると必ずや残念な仕上がりになって落ち込むことになります。

女磨きは、角質磨き。

角質ケアこそ習慣にしたいものです。

角質ケアをおろそかにするなかれ。かかとは入浴時に、週に一度軽石やファイルで角質を削り、日常は日本手ぬぐいでこする程度で十分（ネイリストさん情報）。ひじ、ひざはスクラブクリームでマッサージ。そして、気づいた時にいつでもバームで保湿。

美しくないところは隠してしまうという方法もありますが、やはり夏には、スベスベのかかとでサンダルを楽しみたいものです。その際ペディキュアも一緒に楽しみましょう。

神は細部に宿る。私の経験上、角質ケアがしっかりできている人は、ほとんどが美人です。

拡大鏡を使っている人が少ないことに驚きました。お肌の状態を知るためにも、丁寧なメイクのためにも真実の鏡は、手放せません。

真実の鏡＝拡大鏡を使う。

アイメイクなどの細かいところは拡大鏡を使うと、メイクが何倍も美しく仕上がります。LEDライト付きの3倍から5倍の〝真実の鏡〟がおすすめです。

鏡に映る「お肌の不都合な真実」に思わず目をそらしてしまうかもしれませんが、これは一種のショック療法。**目をそらさず、手をかけた人から美しくなれます**。ただし、拡大鏡だけでは顔全体が見えませんから、必ず大きな鏡と併用します。大きな鏡でバランスや色味を確認しながら、細部は拡大鏡でチェック。鏡の中で徐々にキレイになっていく自分を見るのが楽しみになるでしょう。

おでこにシワを作らない
エレガントな表情を。

デビューした頃（20歳）、プロのヘアメイクさんから言われたことを今でも憶《おぼ》えています。

「目を大きく見せたいからと言って、眉毛を引き上げる表情はだめ。美しくないし、いずれおでこにシワを作る原因になるから」

その頃は、〝シワ〟などという文字は私の辞書にはありませんでしたが、素直にその教えを守り、本当に驚いた時以外は眉は極力動かさないように長年心がけていました。そのおかげか、年齢の割にはおでこのシワは少ない方だと思っています。

まさか表情の癖が年齢とともに変わってくるなんて！　パーツの配置も変わるなんて！

目と眉の間、鼻の下が間伸びするのが老け顔。

ところが最近、物をよく見ようとする時に、眉を引き上げ、おでこにシワを作っている自分に気づきました。これは、加齢により重たくなった瞼《まぶた》を引き上げるために、無意識にやっていることなのです。

それにしても、すべてが下がっていく中で、この期に及んでまだ上がるパーツがあったとは！　と、喜んでいる場合ではありません。眉を引き上げるこの表情こそが老け顔の正体なのですから。

大人の女性は、若い時のように目を大きく見せることで可愛らしさを演出しようなどと思わないことです。

おでこのシワをこれ以上作らないためにも、老け顔にならないためにも、**目は見開かずに、眉は極力引き上げない**ことです。眉メイクは、眉の下部分のみを書き足します。目と眉の間をなるべく狭くすると、若々しく見えます。このふたつを心がけ、落ち着いた大人の表情を目指しましょう。

アイラインで目の形を修正する。

年齢を重ねた肌はハリを失い、引力の法則に従い下へ下へと地すべりを起こすものです。瞼も下がり、老けた印象になります（と書いていたら、気分も下がってきました。でも老け顔防止に一番効果があるのは笑顔ですので、どうか明るい気持ちで微笑《ほほえ》みながら読み進めてください）。

以前に比べ、自分の顔がキョトンとした表情や、びっくりしたような表情になったと感じたら、それは老け顔のサイン（瞼が下がってくるのが原因で、目は丸い印象になります。さらに進むと丸から三角になることも！）。

たるんだ瞼に筆が引っかかってラインを描きにくい場合は、大人仕様のスムースに描けるアイライナーを選びましょう。

テクニックをマスターすると、驚くほど若々しい印象になります。

この瞼の地すべり対策としては、とにかく下降線を描かないことです。下がった目尻には**アイラインで切れ長のキャッツアイを作ります**（p227参照）。

大事なポイントは、アイラインは目を開けたまま引くこと。開けた状態で瞼に隠れない位置に描いていきます。最後は斜め45度にはね上げ上昇線を作ります。そのくらい大胆に描くくらいでちょうどよいのです。

整形しないでどうやってよく見せるか、何が使えるかをよく考えています。

つけまつ毛、アイテープの大人の使い方。

アイラインの最後を斜め上にはね上げても、下がった瞼にアイラインが隠れてしまう……。そんな場合は、プチプラコスメの登場です。

一重瞼の女性が使うアイテープ（または二重用のり）を使って二重の幅を固定すると目元が若返り、アイラインを上手に描くことができます。他にも、目尻用のつけまつ毛を、まつ毛の生え際1～2ミリ上につけることでも、たるんだ瞼を持ち上げる効果があります。どちらも、少し練習すれば簡単です（p228参照）。

目は人の印象を大きく左右するパーツです。大人の女性が改めて習得すべきメイクは、アイメイクのテクニックです。なにしろ若い時とは目元も変化しているのですから、便利アイテムを使って賢く対策をいたしましょう。

パスポートや免許証などの証明写真を撮る時に試してみてはいかがでしょうか？　ただしあまりにも実物とかけ離れてしまうと証明写真になるかどうかは保証しかねますが。

数あるメイク道具の中で、ファンデーションブラシとの出会いは衝撃的でした！　時短メイクの立役者。誰でもうまく使えます。

ベース作りは
ファンデーションブラシがあればいい。

洗顔後、化粧水に美容液、化粧下地（日焼け止め）、ファンデーションにコンシーラー……。お肌のベース作りにも、なかなか時間がかかります。

でも、大丈夫！　新しいファンデーションブラシがあればいい（ご存じ、野宮真貴の「あればいい」シリーズです）！

私が最近出会った、画期的なファンデーションブラシは、ベースメイクの時間短縮には欠かせないものとなりました（p228参照）。歯ブラシのようなルックスのそのブラシは、高密度の極

美人は〝筆を選ぶ〟ものです。新しくて便利なメイク道具の情報は常にアップデートしましょう。

細毛が肌に優しく、下地から、ファンデーション、チークまで素早く均一に塗ることができます。かなり大雑把に塗っても完璧な美肌に仕上がり、毛穴もなかったことにしてくれる優れものです。サイズのバリエーションも豊富なので、アイラインからボディケアまで全身に使えるラインナップが揃っています。

何事にも言えることですが、**いい道具を使うと作業が楽に効率的になり、仕上がりも格段に良くなります。**

フェイク唇を描いてしまう。

口角を上げるには、フェイク唇を描いてしまうという方法もあります。これは舞台メイクなどではよくやる、目の錯覚を利用したテクニックです。

下がってしまった口角の2ミリ上にリップペンシルでフェイクの口角を描いてしまいます。そして下唇の口角とつなげます。2ミリより上になると不自然に見えてしまいますので注意してください。さらに口角の下の際に斜め上に向かってハイライトを入れるとより効果的です（p229参照）。

加齢によって伸びた鼻の下を少しでも短く見せるには、上唇全体を1ミリオーバーリップに描きます。これは、唇をふっくら若々しく見せる効果もあります。
メイクとはまさしく顔を「作る（make）」ことなのですから、**フェイクでも後ろめたい気持ちを持つ必要はありません**。私も含め、芸能人はフェイクをよく使うものです（企業秘密ですが）。

芸能人の方はそれぞれいろんな工夫があることでしょう。

作り笑いで美人になる。

デビューして初めてのジャケット写真撮影の時に、カメラマンから「笑顔で！」と言われても、緊張でまったく笑顔が作れませんでした。なんとも初々しかった頃の思い出です。それから36年たった今では、たとえ二日酔いで頭が冴えなくても、カメラを向けられれば何の躊躇《ちゅうちょ》もなくとびきりの笑顔を作ることができます。

それが**作り笑いであったとしても、脳は「楽しい」と勘違いをする**ので、撮影が終わる頃には二日酔いのこともすっかり忘れて「さて、今夜のアペリティフは誰と飲もう」などと考えているのですから、脳をまんまと騙《だま》したことになります。

どんどん表情が乏しくなるので、思い切って笑った方がいいです。

年齢を重ねた全女性にとって〝笑顔〟は救世主です。下がった口角も、ほうれい線も、フェイスラインのたるみも、笑顔ひとつで消し去るのですから。どんな美容整形もフェイシャルエステも敵いません。しかも無料（スマイル0円）です。日頃から鏡に向かって作り笑いの練習をしてください。自分では十分笑っているつもりでも、筋力の衰えから口角が上がりきらない場合がありますので、ビッグスマイルの場合は、上の歯が10本見える笑顔を目指しましょう。平常時は〝モナリザの微笑み〟を心がけて。

〝笑顔〟は、免疫力を高め、自律神経のバランスを整え、幸せホルモンを分泌させるなどの効果が医学的にも証明されています。

すまし顔の美人より、笑顔が美しい人の方が好感度は高いのです。自分も綺麗になり、人に幸せを与えられる〝笑顔美人〟でいたいものです。

禁煙もダイエットも
自己暗示で乗り越える。

作り笑いでも、脳は「楽しい」と勘違いして、本当に楽しくなってしまう——というのは、前述の通り。実は私、長年にわたって他にもいろいろと脳を騙している、詐欺師のような悪い女なのです。ふふふ。

10年前まで、私は愛煙家でした。ロックン・ローラーにとって、タバコは小道具としてなくてはならないものだと信じていたからです。今では考えられないことですが、昔はタバコを燻《くゆ》らせながらレコーディングの歌入れをしていたものです。ところが、ある

思い込めば、意外と
平気なものです。

ことをきっかけに禁煙を決めました。その時に私がしたのは、禁煙外来へ行くでもなく、ニコチンパッチを貼るのでもなく、「この世にタバコなどというものは存在しない」と自分に言い聞かせ、脳を騙したのです（禁煙詐欺）。その結果3日間できっぱりやめることができました。

他にもデビュー時から体重が変わらない秘訣として、食事は腹6分目に留《とど》めるというのを実践しています。これも「お腹一杯という感覚は不快なもの」と脳にインプットした結果、腹6分目で自然とストッパーがかかり、食べすぎるということがありません（満腹詐欺）。傍《はた》から見ると滑稽かもしれませんが、「私は太らない」（スレンダー詐欺）、「私は美しい」（美人詐欺）、「私は若い」（年齢詐称）と鏡の前で唱えるのも、案外効果があるものです。

自己暗示や思い込みで〝脳を騙す〟というのは、実は自分の可能性を信じるということでもあるのです。

新しい服を買うより、髪が今っぽい方がおしゃれに見えます。どの美容室に行くか迷ったら、素敵なヘアスタイルの友達に聞いてみるのも手です。

美容院に定期的に行く。

笑顔に加えて、女性を助けてくれる強い味方が美容院です。美容整形へ行く余裕があるのでしたら、美容院へ月に2回行く方が確実に美人になります。美容整形で顔を変えるのはお金もリスクも伴いますが、ヘアスタイルは思い通りに変えることができますし、たとえ失敗しても髪は自力で伸びてくれますから元に戻ります。しかも圧倒的に経済的です。

ヘアスタイルは顔の額縁。素敵な額縁が絵画を引き立てるように、評判の良い美容院を選んでプロの手を借りれば、今の自分を最も引き立ててくれるヘアスタイルにしてもらうことができます。

自分でブローできる髪型にする。

美容院で仕上げてもらうなら、ある程度自分でキープできるヘアスタイルにしましょう。ブローのコツは、担当の美容師さんにアドバイスをもらいます。自信のない方は、洗って乾かした後、手ぐしだけでも様《さま》になるカットを美容師さんと相談しましょう。

上手い美容師さんは、必ずセルフでも再現可能なヘアスタイルにしてくれます。カットの翌日にヘアスタイルを再現できないようならば、残念ながら美容師さんを選び直した方がよいかもしれません。**相性とテクニック、自分に合った美容師さんに出会うことも、美人への近道**です。

美容師さんのアドバイスは、写真や動画におさめておけば忘れません。洋服もそうですが、わからないことはプロに質問するのが一番です。

私は本当にしつこく徹底的に納得するまで質問します。美しくなるのに遠慮は無用です。

近所に気軽に行くのがいいんです。

きちんとシャンプーをする。時にはプロに頼んで。

フランス人は毎日シャンプーをしないといいますが、それは髪質と気候の違いもあるのです。髪のためには毎日洗わない方がよいと言われますが、湿気の多い日本においては、なるべくマメにシャンプーをした方が良いと思います。特に大人の女性は、ホルモンの影響で、髪質も低下するので、清潔感だけでも常にキープしておきたいものです。

私は、カットやカラーはご贔屓の美容院へ行きますが、よく近所の美容院でシャンプー&ブローだけをしてもらいます。特にお

これぞセルフでできるプロのメイクアップ術。

しゃれをして外出の予定がある時に、80%メイクをすませた状態で利用します。シャンプーの後、ブローをしてもらっている間に、鏡に映った自分のメイクをチェックします。美容院の鏡はライティングも整っているので、メイクチェックには最適です。この時、チークの加減や、眉の濃さ、口紅の色などバランスを見て修正点を把握しておきます。シャンプーのマッサージ効果で血流も良くなって顔のむくみが取れ、小顔にもなり、メイクも引き立ちます。ブローもプロの手にかかれば、やはりセルフよりも断然美しく仕上がります。家に戻り、メイクを修正したら、用意していたお気に入りのドレスを着て準備完了です。これで、自信を持って外出できます。

美容院でのシャンプー&ブローは**ほんの僅《わず》かな出費で手に入るささやかな幸せのひとつ**です。

2012年にフィトテラピスト（植物療法士）の資格も取りました。

毛先に、頭皮に、植物オイルを。

毛先の保湿には、少量の植物オイル（椿油《つばきあぶら》やホホバオイル）をすり込みます。頭皮をディープクレンジングしたい時は、植物オイルでマッサージをしてからシャンプーをすると血行も良くなり、毛穴に詰まった汚れを落とすことができます。植物オイルに好みのエッセンシャル・オイルを入れるとリラックス効果も得られ、バスタイムも楽しくなります。

私のお気に入りは、リラックスにはラベンダー、リフレッシュには柑橘系のグレープフルーツやレモンです。

特にラベンダーは香りが良いだけでなく、鎮静作用で不安やイ

繊細な味のお寿司や日本料理などに食事に行く時は、強い香水を控えますが、ラベンダーのほのかな香りならばちょうどよいのです。

ライラ対策に、抗菌・殺菌作用はやけどや切り傷に、そして抗炎症・皮膚再生作用もあるのでお肌にも良いのです。これほど万能なエッセンシャル・オイルはありません（ヨーロッパでは、ラベンダーはアーミーナイフ＝万能ナイフとも呼ばれています）。

ぜひ、品質の良いトゥルー・ラベンダーを1本買ってバッグに常備しておくとよいでしょう。私は香水としても使っています。

三面鏡でサイドもチェック。

ヘアスタイルの仕上げには、横から見たシルエットも必ずチェックしましょう。**他人には正面と同じように、横からも見られています**。

手鏡を利用して合わせ鏡にすれば見ることができますが、三面鏡があれば同時に左右をチェックできるので便利です。後頭部に少しボリュームをもたせると立体感が出て小顔効果があり、華やかなイメージになります。

拡大鏡、姿見、ハリウッド・ミラー、三面鏡。さまざまなタイプの鏡を使いこなせれば美人への道はひらかれます。

鏡がたくさんある家に住む女性には美人が多いというのが自説です。

月に一度はお顔剃り。うぶ毛のお手入れも忘れずに。

先日、同世代の女子会に出席をしました。気持ちの良い窓際の席につくなり、正面に座る女性の口元に目が釘付けになりました。自然光を浴びて浮かび上がるうぶ毛が目に飛び込んできたからです。それは決して、〝北欧女性の金色に輝くうぶ毛〟などというう美しいイメージではありません。うぶ毛というよりも口ヒゲと言ってもいい状態だったのです。どんなにおしゃれをしても、美しいメイクを施しても、これではダメージが大きすぎます。

実際、若い頃よりもうぶ毛が濃くなったと感じている女性は多

うぶ毛のお手入れは、理髪店に行くのもいいですね。

いのではないでしょうか？　これも女性ホルモンの減少による変化です。頭髪や眉毛は細くなったり薄くなったりするのに対して、うぶ毛は濃くなるという、大人の女性のヘア問題は決して一筋縄ではいかないものです。その変化を見逃さず適切に対処をして、いつでもフレッシュな印象でいられるよう心がけましょう。

実は、お肌がくすんで見える原因のひとつは、うぶ毛です。お手入れを怠ると、前述の女子会のような展開になり、同席した人を凍らせる結果になります。

薄暗いメイクルームでは気づきにくいので、うぶ毛のお手入れは、自然光の入る窓際か、ＬＥＤライト付きの〝真実の鏡〟を利用しましょう。

自分でお手入れをするのが不安な方は、プロの手を借りましょう。女性専用のシェービング（お顔剃《そ》り）のサロンでうぶ毛の処理をすると肌がワントーン明るくなり、お化粧のりも格段によくなります。そして、加齢によって乱れたお肌のターンオーバーを整えてくれるので、できてしまったシミも徐々に薄くなるといいます。サロンによってはフェイシャルエステ、眉カットや耳そうじもしてもらえますので、月に一度通えるとベストです。

ヘアカット、ブロー、シャンプー、シェービングをこまめにして、猫のようにせっせと〝毛繕い〟。意外と忘れがちなので、習慣にすることが、ビューティへの近道です。

撮影で一度だけ口ヒゲをつけたことがあります。男前でした。

男性の渋いヒゲ＝女性の赤い口紅。

薄くなった眉毛にため息をついたばかりなのに、今度は濃くなる口元のうぶ毛に悲鳴！　といった具合に、年を重ねてもなお新しい驚きが次々に訪れるものです。

何もしないでいると、おばさんとおじさんの区別がつかなくなるので要注意です。

どうせ男性化するのなら、口元のうぶ毛も中途半端に濃くなるのではなくて、立派な口ヒゲやあごヒゲとして生えてくれないものでしょうか？　そうすれば、曖昧《あいまい》になったあごのラインや二重あごを上手にカモフラージュできますし、男装の麗人というコス

成熟した女性に対しての褒め言葉ができればいいのにと思います。年齢を重ねたからこその美しさやかわいらしさを形容する言葉もないですよね。

赤い口紅は、ぜひチャレンジしてください。メイクの一汁一菜は、ナチュラルメイクに赤い口紅です。


プレも楽しめます。

それは冗談としても、ヒゲや白髪、眉間のシワなど、女性にとってはマイナスの兆候が、男性にとっては〝ダンディ〟や〝渋い〟などと好意的に解釈されることがあるのは羨《うらや》ましいところです。

女性にとってヒゲに相当するもの、つまり年をとることで素敵に見えるものは何かを考えてみたら、肉体的なことはあまり見当たりません。これは不公平です。

でもありました！　赤い口紅です！　若い時には持て余してしまう真っ赤なルージュは、多少くすんできたお肌に見事に馴染みます。

赤い口紅は大人の女性が最高に輝く、神様が与えてくれたアイテムなのです。

やはり「赤い口紅があればいい」のです。

赤い口紅が似合わないと思ったら。

「赤い口紅は、自分には似合わない」と諦めてしまうのは簡単です。でも、もう一歩踏み込んで考えてみてはどうでしょうか？

なぜ似合わないのか？　色？　質感？　それとも――。

似合わない理由を考えるのも、おしゃれレッスンです。
・色がマッチしないならば、手持ちの他の口紅を混ぜて似合う色を追求してみる。
・質感が合わないならば、リップグロスを混ぜて調整してみる。
それでも、しっくりこなければ、塗り方を研究してみます（p229参照）。

・リップライナーで輪郭をしっかりとって塗ることで、きちんと感のある印象に。
・指先に口紅を取り、スタンプを押す要領で輪郭をぼかして塗ることで、カジュアルで若々しい印象に。
・リップグロスを部分的に使うことで、ぷっくりとした印象に。

いろいろ工夫してみてもどうしても使えない時は、私なら口紅を練りチークとして活用してしまいます。

いつでも、**ただでは転ばないのがおしゃれへの道**です。そして常に似合わないものなんてこの世にはない！　という心意気で。

似合わない、はスキルアップのチャンスと思い、自分に引き寄せましょう。あなたはこれまでもそうやって成長してきたはずです。

赤が似合うための「金と銀の法則」。

「ゴールドとシルバー、どちらのアクセサリーが好きですか？」

自分に似合う赤い口紅を見つけるのに、なぜこんな質問を？と思ったかもしれません。実は、似合う赤を見つけるポイントのひとつに肌の色があります。日本人の肌色は大きく分けてイエローベースとブルーベースに分類できます。

ゴールドが好きな人は、イエローベースの肌の持ち主。シルバーが好きな人はブルーベースの肌の持ち主である傾向が強いと言えます。

肌身離さずつけている指輪や、つい手に取ってしまうネックレ

いつだって直感を信じましょう。

スはどちらですか？
自信を持ってください。あなたは自分の肌に合う色を自然と選びとっています。

・イエローベースの肌……オレンジや朱色を含んだ赤。もしくは落ち着いたレンガ色に近い赤が似合う。
・ブルーベースの肌……ピンクを含んだ赤。もしくはワインレッド、ボルドーなど深みのある赤が似合う。

この「金と銀の法則」を知っていれば、化粧品売り場にずらりと並ぶ、さまざまな赤い口紅を前にして怯《ひる》むことはありません。選択肢は絞られています。その中から気になるものをいくつか試してみればいいのです。**あなたに似合う赤はつけた瞬間にピンとくる**ものです。

赤い口紅の質感をよく知って。

色をマスターしたら、次は質感です。同じ赤でも印象がガラリと変わるので、年齢やファッションに合わせて適切なものを選ぶことが大事です。シックな装いにはセミマットタイプ、華やかさを出したければリキッドタイプなど、**口紅選びは色味だけでなく、質感も大切な要素**です。

・マット（ツヤ感がないもの）……発色が良く、落ち着いた雰囲気ですが、乾燥気味の大人の口元には少々ツヤ不足。モード系ファッションとの相性は良いでしょう。

・セミマット（ツヤ感が少ないもの）……大人肌におすすめ。発色の良い赤い口紅も派手な印象が避けられます。大人の女性をシックに見せてくれます。
・グロッシー（透明感があるもの）……若々しい印象ですが、油分が多いため加齢による唇の縦ジワに入り込むので注意。
・パーリー（パール感があるもの）……80年代ディスコのパーティメイクを思い出すのは私だけ？　生きた化石と見られる可能性大。
・リキッドタイプ（液状で、チップを使って塗るタイプ）……パテのように縦ジワをカバーしてくれますが、ツヤ感が大人肌にはトゥーマッチなことも。部分使いが◯。
・リキッドのマットタイプ（液状でスーパーマットな仕上がり）……一部の若い女性に人気の最新の口紅ですが、大人がつけると唇のすべての水分を吸い取られ、細かいシワが浮き出てしまうのでＮＧ。

あなたが20代であれば、どんなタイプの口紅でも使いこなせます。たとえ少しくらい失敗しても、許されるのが20代です。でも、あなたが40代であれば、失敗は最小限に抑えたいところ。パリのマダムのようになれるかは口紅の質感が決め手ですから、大人の女性のたしなみとして熟知しておかれるとよいかと思います。

「赤い口紅」を使いこなすことで、女性の美しさは磨かれていきます。研究する価値ありです。

SNS時代の写真の撮り方については、前作『赤い口紅があればいい』で紹介しています。

写真修正アプリのもうひとつの使い方。

たとえ写真の中であっても、少しでも美人に見せたいのが女心。SNSでアップするならなおのこと。そんな理由から、今では多くの女性が利用している写真修正アプリ。私もたびたびお世話になっています。このアプリを使えば、一瞬にして肌が滑らかになり、目の下のクマもなかったことにしてくれます。輪郭の修正や顔のパーツの位置や大きさも思いのまま。すっぴんの顔にフルメイクを施すことだってできるのですから、一度使ったら手放せません。

そんな便利な修正アプリには、もうひとつの使い方があります。

あなたがいつも修正しているパーツはどこですか？　実はそれこそが、あなたの弱点であり、ケアすべきところなのです。例えば、アプリでいつも眉を書き足しているのなら、アイブロウが薄い証拠です。輪郭をスリムに修正しているなら、ヘアスタイルを見直す時かもしれません。

修正アプリを使えば、写真の中だけではいつでも美人でいられますが、残念ながら日頃実際に顔を合わせる人たちには通用しません。

アプリで修正した写真に実物も近づけるケアを心がけましょう。

見えないことを見て見ぬふりしていませんか？

〝老眼鏡〟――このネーミングがまずいけません。〝シニアグラス〟――これも困ります。そんな訳で最近では機能にフォーカスして〝リーディンググラス〟と呼ぶのが一般的のようです。

手元の小さな文字にピントが合わない。薄暗いところではなおさら。気づけば本やスマートフォンを顔から遠ざけている、という経験があれば、あなたも立派な初期老眼でしょう。

老眼がはじまる年齢は人それぞれですが、最近話題にのぼるスマホ老眼でもない限り、それは紛れもなく老化現象（なんてイヤ

マチュアな女性のおしゃれは、事実を受け止めることから始まります。老眼はいいきっかけになります。

な言葉なのかしら！）です。老眼鏡を使うようになったら、その事実を認めることになるのですから、〝見えないことを見て見ぬふり〟したくなる気持ちはわかります。私も最初はそうでしたから。

でも、老眼も近視や遠視と同じように、ピントを合わせようと無理をすると目に負担がかかり、進行を早めるそうです。

それなら**早めにおしゃれな老眼鏡を見つけて、エレガントに使いこなせる術を身につけた方がよさそう**です。

おしゃれアイテムが増える楽しみ。

かくいう私も最初は老眼鏡には抵抗がありました。小鼻の上にのせたメガネで手元の小さな文字を見たあと、上目遣いに遠くを見るあの仕草はエレガントではありませんから。

その考えを変えてくれたのは、とある食事会で同席した50代半ばの女優さんでした。彼女は「ちょっと失礼♡」とクスッと微笑みながら、バッグから小さなメガネを取り出してメニューを眺めていました。その仕草がチャーミングで、さらにメガネを掛けることで美しい顔に知的な雰囲気が加わったようでした。

使い方によっては、老眼鏡も自分を演出するための立派な小道

文字も見える、美人にも見える老眼鏡。おしゃれアイテムとして派手なものを楽しんでほしいです。ひとつじゃ足りないので、いろいろ持ってもいいですし。

具になるのです。

私も痩せ我慢はやめて、老眼鏡を新しいおしゃれアイテムとして取り入れることにしました。ところが、気に入ったものになかなか出会えません。手持ちのキャットアイ・フレームのレンズを変えたり、ヴィンテージのローネット（オペラグラスのように手で持つタイプ）でなんとかやり過ごしていました。

そして素敵な老眼鏡がなかったら自分で作ってしまえばいい！ということで、一見老眼鏡には見えないモードなリーディンググラスをプロデュースすることになりました（p226参照）。必要は発明の母、とはよく言ったものです。

理想を言えば各部屋に、各バッグの中に欲しいところです。シーンに合わせて使い分けられる4つのバリエーションを持つ老眼鏡を「美人リーディンググラス」と名付けました。その名前の通り、**掛けることでおしゃれに、美人に見えるリーディンググラス**

です。もう小さな文字に眉間にシワを作ることもありません。ここにきて、老眼鏡、いえ、リーディンググラスが新しいおしゃれアイテムのひとつとして加わりました。長く生きていると良いことがあるものです。

リーディンググラスは必要な時だけに登場するものですから、少し遊び心のあるデザインを選ぶことをおすすめします。

声にもメイクを施して。

子供の頃、母親が電話口で普段よりワントーン高い声で話すのが不思議でした。今にして思えば、相手に少しでも良い印象を与えるためのマナーのひとつだったのですね。

声も年齢とともにトーンが下がってきます（下がるのはバストや口角だけではなかった！）。ワントーン高い〝よそいきの声〟を意識することで、若々しさが演出できます。

声の美しさだけでなく、言葉遣い、人の悪口を言わないなど話す内容にも気を配りましょう。楽しい話題なら、心も若返ります。

声の美しい人と一緒にいると、心地の良い空気に包み込まれるような感覚になることがあります。それだけで、その人が美人に見えてきます。

いつもすっぴんの声で過ごすのではなく、声にもほんの少しメイクを施し、相手に良い印象を与えることができれば、あなたはもう声美人です。

ボイストレーニングに行ってみるのもいいですね。話し方、声の出し方が変われば、大きく印象を変えることができますよ。そして、大声でしゃべらない、早口にならない。動作としゃべり方は、ゆっくり落ち着いている方が、チャーミングな女性に見えます。

言葉もおしゃれしましょう。

ユーモアは、その場を和やかにし、褒め言葉は人を輝かせます。そしてお礼の言葉は人間関係を円滑にします。人の痛みに共感する慰めの言葉、頑張りを讃《たた》える労《ねぎら》いの言葉、優しく見守る慈しみの言葉。時には立ち入るべきでない問題に無言でいることも必要です。

はずかしさや遠慮から、気持ちを言葉で表すことが少なくなりがちな私たちですが、**気持ちのこもった言葉は自分と相手との素敵な関係を築く**ものです。

言葉のおしゃれを心がけましょう。

いいこと、美しいものについて話しましょう。

褒め言葉をケチらない。

ケチな人はいただけませんが、褒め言葉をケチる人もよくありません。おしゃれのモチベーションを上げるには、誰かに褒められることも大きいのです。

身だしなみに普段よりも少し手をかけてみる。すると、その小さな変化に気づいてくれる人がいます。

「今日のヘアスタイルは素敵ですね」

そう、今日はクラシカルな洋服に合わせてカーラーで髪を巻いてみたのでした。

そんな褒め言葉をかけられたら、謙遜などしないで素直に受け取りましょう。

「ありがとう。嬉しいわ」

褒められるとやはり嬉しいものです。それは自分のことに関心を持ってくれたという証《あかし》ですから、思わず笑みがこぼれ、次もおしゃれをしようと意欲が湧いてきます。

相手の良いところを見つけたら、素直に言葉にして伝えられる人でいたいものです。たとえ毎日顔を突き合せる家族でも、気心が知れた友人でも、会社の同僚でも、**小さな変化に気づいてあげられる人でいたい**ですね。

こうした小さな積み重ねが、良い人間関係を築く基礎になります。褒め合うことで、みんながおしゃれになれば、きっと世界は平和になるはずです。

鼻歌は幸せのバロメーター。

家族の誰かが鼻歌を歌っていると、それだけで私は幸せな気分になります。特に息子などは、思春期を過ぎると会話も少なくなるものですが、それでもお風呂場からフンフン〜♪　と鼻歌が聴こえてくると、「何か嬉しいことがあったのかな?」「彼の心は今、安定しているんだなぁ」とこちらの心も穏やかになります。

鼻歌は気分が良い時にしか出ないものです。しかも、ほとんど無意識に口ずさんでいるので、当の本人も誰かに指摘されないと気づかないくらいです。

私も気分が良いと、鼻歌を歌っている時があります。それがたとえピチカート・ファイヴ時代の持ち歌「悲しい歌」だとしても、上機嫌に違いありません。

鼻歌の多い人は、上機嫌でいる時間が長い人。それは幸せな人生です。

みなさんはいつ鼻歌を歌いましたか？

怒っている時も、意識して鼻歌を歌うと、心が穏やかになります。

別にシャンパンでなくてもいいのです。「自分にとってこれがあれば大丈夫」と思えるものがあればいい。深刻になってもしょうがないのですから。

とりあえずシャンパンを飲めばいい。

仕事も家事もおしゃれも、より良い自分を目指しているからこそ、頑張りすぎて疲れてしまうこともあるでしょう。何が正解なのか、考えれば考えるほどわからなくなり、お手上げと叫びそうになることもあるでしょう。そんな時のための私からアドバイスを申し上げます。

それは、「とりあえずシャンパンを一杯」です。

シャンパンを一杯飲み干せば、どんな問題だって、大したことはないと思えます。

シャンパンが素晴らしいのは、どんな気分でもたしなむことができることです。お祝いのパーティ、たくさん働いた夕暮れ時、ロマンティックな二人のデート、ちょっと気分が落ち込んだ時、どんな時でも気持ちを華やかに、前向きにしてくれます。

ドン ペリニヨンのアンバサダーが言っていましたが、シャンパンは〝平和のお酒〟と言うそうです。飲み進めるうちに気持ちが穏やかになり、その場にいる人がみな仲良くなるというのです。そういえば、シャンパンを怒りながら飲んでいる人ややけ酒する人を見かけたことはありません。

私はどんな時も「楽天的であれ」と思って毎日を過ごしていますが、シャンパンはそんな私に必要な、人生のパートナーとも言えるお酒です。

シャンパンは万能です。食前酒だけでなく、食中酒としても料理の素晴らしいお供になります。洋食はもちろんのこと、ブドウの酸味が和食にも合いますし、お肉や中華料理の油も洗い流して

野宮ブランドのシャンパンも作ってみたいと思っています。

くれます。

ちなみに私のベストチョイスは、生ガキにレモン代わりのシャンパンという組み合わせ。食事でお酒に迷ったら、シャンパンを1本頼めばまず間違いはありません。

シャンパンだけでなく、カヴァ、スプマンテ、スパークリングワインでも上質で美味しいものはたくさんありますので、賢くチョイスしてください。

若さと成熟、どちらが素敵？

実家が酒蔵の友人と食事をしていた時、「ワインは熟成させて美味しさと価値を生むけれど、日本酒に熟成の文化がないのはどうしてか？」という話題になりました。友人によると、「日本人には〝日本酒は初物がよい〟、という価値観が根強くあるから」なのだそうです。

そして急に恋愛の話になり、「だからフランス人男性は成熟した女性を愛して、日本人男性は若い女の子ばかり追いかけるのね」と笑いました。

アラサー、アラフォー、アラフィフ、アラカン、これほど年齢

〝女房と畳は新しい方がよい〟という日本の諺《ことわざ》に対して、フランスには〝女とワインは古い方がよい〟という諺があるくらいです。

のことがフォーカスされる国は珍しいと思います。メディアも私たちも年齢のことを気にしています。そこには日本酒の初物や、初鰹などの旬の物を愛《め》でるように、新しくてフレッシュなものが良い、という日本人の価値観が反映されているように思います。

若い時というのは、肉体的にも美しく、希望や野心にあふれています。そして夢を達成できずにもがいたり、時に挫折したりと、とてもアンバランスな時期でもあります。

年を重ねると、容姿の衰えはありますが、自分と相性の良い仕事や人、物事とはどういうものかを理解し、リラックスして自分らしく生きることができます。

人は、若さを失っても、知性やバランスを身につけて、成熟していくものです。でもそれは、経年変化にただ身をまかせるだけではだめなのです。それでは熟成にはならず劣化へと向かっていきます。

若い男性は、年齢を気にしない人も増えているようですね。喜ばしいことです。

ワインが熟成して美味しくなるためには、温度管理などの適切なケアが必要です。**女性も同じように、一生女性であるという意識で自分を大切に扱い、磨き続けてこそ、深い味わいになるのではないでしょうか**。

確かに初物の大吟醸は素晴らしいですが、それは期間限定の魅力。賞味期限もあります。日本にもワイン文化が定着した昨今、若い頃を過ぎたら、ヴィンテージのような成熟した女性として人生を謳歌したいものです。

そして最近の日本人のワイン消費量に比例して、日本の男性もマチュアな大人の女性に価値を置く人が増えていることを信じたいと思います（ワインでも初物のボジョレー・ヌーボーが好きとなると話が変わってきますけどね）。

愛こそすべて。

毎日はチョイスの連続です。「何を食べよう？」「何を着よう？」から始まって、仕事の決断、果ては恋人や結婚相手に至るまで。好みやルール、利害関係などによって常に選択し続けて、人生の綾《あや》を織りなしています。そして困ったことに、選ぶということには〝迷う〟というオプションがもれなくついてきます。

鮮やかなピンクのワンピースと長く使えそうなグレーのワンピース。ギャラはいいけれど気の進まない仕事とギャラはないけど面白そうな仕事、話がつまらない美男子と一緒にいると楽しい美男子とは程遠い彼……。迷います。

愛はわかっちゃうのです。良くない仕事や人間関係は心がざわざわします。

私が迷った時に基準にしているのは「そこに愛はあるか」ということ。

欲をかいたり、他人の目を気にしたりせず、選ぶべき物事や人への「自分の曇りのない気持ち＝愛」に判断の基準を置くのです。その仕事に愛を持って取り組めるかどうか。一緒に仕事をする人も同じように愛があるかどうか。そのバランスが取れそうにない時は不思議と胸がざわつきます。そんな時は、潔く手を引く決断をします。

愛がないものには価値がないのです。

〝小〟が付くくらいでちょうどいい。

鏡の中の自分を見て「こんなはずじゃなかった」と嘆くよりも、ほんの少し手をかけて、「今の私って案外いいよね」と思えたらそれが一番だと思います。過去の自分と比べてみたって、時間も若さも戻りません。だからと言って、諦めてしまうのも、頑張りすぎるのも良くありません。

ここは**美しさのハードルを少し下げて、「小」が付くくらいでよしとします**。

手をかけない綺麗な女性より、コツコツ手入れを積み重ねた〝小綺麗〟な女性の方が感じが良いと思うのです。前作で私が提唱した雰囲気《ムード》美人の３大要素「外見・健康・個性」を基本に、さらにお手入れをプラスすれば、誰でも「小綺麗」になれるわけです。

美しさやおしゃれの基準を「小綺麗」にしておくと、無駄な敗北感を味わうこともなく、精神衛生上も良いと思います。

綺麗でなくても「小綺麗」でいい。おしゃれじゃなくても「小《こ》洒落《じゃれ》」ていればいい。そこに「小ざっぱり」と「小気味良い」振る舞いが加われば、感じの良い美しい人になれるに違いありません。

こんなはずじゃなかったと嘆いていないで、ここは大人の余裕で「小休止」。スピードを緩めて気長にやりましょう。そして年を重ねても「小粋」な女性であり続けたいものですね。

おあとがよろしいようで。

憧れは少し先の未来の自分。

〝憧れ〟は、おしゃれの原動力です。〝憧れ〟の対象に少しでも近づこうと努力する人は、必ずセンスが磨かれます。

ただし、自分の体型や性格を考慮に入れず、あまりにもかけ離れたタイプの人に強く憧れると、近づくのに時間がかかるあまり、途中で挫折するか、極端な例は、実際にアメリカであったようにバービー人形に憧れた女性が整形を繰り返し……なんて恐ろしいことになります。憧れの対象はせめて人間にしましょう。

最初はモノマネでも、そこにあなたの個性が加わって、いつしかあなただけのスタイルが出来上がります。

ヘップバーン、ジャッキー、グレイス・ケリー。クラシカルでエレガントな着こなしをしている女性に憧れます。

私のアイドル遍歴は、麻丘めぐみさんからはじまって、ツイッギー、オードリー・ヘップバーンなど、やはり自分と体型が似ているスターたちでした。その後は、映画「男と女」のアヌーク・エーメのボブスタイルや、アンナ・カリーナのアイメイクをモノマネしたり、いいなと思うパーツだけを取り入れるようになりました。

〝憧れ〟とは届かない想いではなく、少し先の未来のなりたい自分を思い描くということ。それは、おしゃれの目標であり、美しくなれるという希望です。あなたの憧れの人は誰ですか？

青春は二度やってくる！

私の周りで面白い仕事をしている人は、若い頃にすいぶんと遊んでいた人が多いようです。若い時期のやんちゃは〝若気の至り〟で許されるので、何でも挑戦して後悔のない青春時代を過ごすことが大事。その経験が、好きなことや天職に出会えるきっかけになったりするものです（お子さんをお持ちの方は、ご自分のお子さんの挑戦を信頼して遠くから見守ってあげてくださいね。学校の勉強だけが教育ではありません）。

私はというと、刈り上げヘアも、へそ出しルックも、ロックスターのおっかけも（警備員の変装をしてＫＩＳＳの武道館ライブに忍び込んだこともありました）、テクノもパンクもニューウエイブも、ディスコもクラブも朝帰りも、一夜の恋も、恋人の二股も、やりたいことは一通り経験したので、青春時代に後悔はありません。

でも、考えてみれば、へそ出しルック以外（これだって、周りの迷惑を顧みなければできる！）は、大人になった今でもやろうと思えばできることばかり。ということは、大人になったからといってできなくなることなどなく、逆に大人になったからこそできるようになることはたくさんあるのです。

自分のキャパシティを知っているので失敗が少ない。

自分の持っているものに満足できる。

お金の余裕ができるので何でもチャレンジできる。

母親、妻といった役割から離れ、時間が持てる。

世間体を必要以上に気にする必要がなくなる（誰にも怒られま

せん）。

若い頃の体力こそありませんが、その代わり経済力と経験値がありますから、若い頃よりももっとのびのび楽しめるはずです。**自由を手に入れ、開放され、やりたいことができる第二の青春時代が到来です！**

世界一周旅行、ギタリストとしてもう一度ステージに立つ、恋に落ちる、世界平和のために働く、区議会議員に立候補する、なんてことも夢ではありません。

あなたは何をしたいですか？

今、私がやりたいのは、ワールドツアーをファーストクラスで周ること（笑）。

もっともっと遊んだ方がいい。

女性は、人生のステージで役割が変わっていきます。子供、娘、結婚したら妻、子供が生まれたら母、親戚の子供からはおばさん、孫ができたらおばあちゃん。そしていつしか、ママ、おばさん、おばあちゃんと、役割で呼びかけられ、名前では呼ばれなくなります。会社で働いている女性は、さすがに名前では呼ばれますが、どこどこの部署の人とか、誰々の部下もしくは上司として認識されています。

女性は四六時中何らかの役割を演じ続けているので、そこから時々離れて解放された方がよいと思っています。それには、もっ

遊びとは、夜遊びや人に会ったりすることだけじゃなく、自分自身の喜びのために時間を使うことです。

ともっと遊んだ方がよいと思います。日本の女性は遊びが足りない気がします。特に妻や母や部下やデスク業務など、人をサポートする役割をしている人は、自分は脇役だと思っているので、どこか遠慮がちです。

でも、嬉しいことに40代も後半になると、仕事も落ち着き、子供も成人し、さまざまな役割から解放されて自分のペースで働けるようになります。

人生の主役はあなたです！　自分の役割を演じ続けることをさっと切り上げて、一人の時間を満喫したり、名前で呼び合える友人と自分らしい時間を過ごしましょう！

私がおすすめしたいのは、おしゃれをして、コンサートに行くことです。

ヨーロッパの諺《ことわざ》では「Clothes make people= 衣が人を作る」と言われます。医者の白衣、警察官の制服、ビジネスマンのスーツといったように、人は着る服に応じて社会的な役割を演じるものです。役割から離れた一人の女性として、思う存分おしゃれを楽しんでください。この時ばかりは（あえて言いますが）会社員っぽい服や、おばさんっぽい服や、ママっぽい服は一切禁止。ご贔屓のブティックに行って、衝動買いしたり、上から下まで揃えてみるのも楽しいですね。

おしゃれができたら、次は音楽です。

音楽は頭ではなく身体で感じるもの。ライブで曲を聴きながら踊っていると、気持ちと身体の強張《こわば》りが解けていくのを感じます。リズムや楽器の響きに身を委ねていると、ポジティブなエネルギーが湧いてきます。

人生の主役は自分です。もっともっと遊びましょう。

そして、もしよろしければ、素敵な音楽と素敵なひとときをご用意しますので、是非、おしゃれをして私のライブに足を運んでいただけたら嬉しいです。
皆様にいつかお会いできますように。

スーさんとのトークショーではたくさんの気づきがありました。

人生で絶対に手放したくないものをひとつ持つ。

ジェーン・スーさんとのトークショーで彼女がとても印象的なことを言いました。

「自分の人生の舵《かじ》を決して手放さないこと」

「私の人生の、主人公は私」と覚悟をすること。「たとえ荒波に飲まれても、自分の人生を、また自分の手で取り戻せばいい」という彼女の言葉に、会場の女性たちも元気づけられたようでした。

私の場合、人生の舵は〝歌〟です。子供の頃から歌手になるのが夢で、さまざまなオーディションに出場しながら、なんとかデビューにこぎつけました。でも、最初の10年間は鳴かず飛ばずの下積み生活。念願のプロになったものの、現実の厳しさを思い知りました。

親や友人からは、「好きなことを10年もやったのだからそろそろ潮時じゃないか」と言われたこともありました。

でも、自分の未来は自分で作るもの。周りから何と言われようと、自分を信じて前へ進もう——と、書くとなんだかカッコいいのですが、当時は、まだ20代。「このままで終わるはずがない」という根拠のない自信に満ち溢れていました。

そんな売れる売れないの荒波の中で、自分を信じて〝歌〟という舵を手放さなかったからこそ、こうして36年間も歌手を続けられているのだと思います。

何かひとつでも好きなこと、信じていることがあれば、誰が何と言ってもその舵だけは手放さないでいることです。

続けることが未来に
つながります。

舵を持つことは、私たちの人生に輝きを与え、意味深いものにしてくれます。

舵を握っているのは自分なのですから、たとえやりたいことを一度諦めても、もう一度漕ぎ始めれば、まだ継続中です。成功する秘訣は、成功するまで続けることです。

そういえば、私にとっては、おしゃれも素敵な女性であり続けるための大切な舵です。年をとってさまざまな変化という荒波が襲ってきても、決して舵を手放さなければ（その覚悟はできています！）、ずっと輝いていられると信じています。

あなたに贈る魔法の言葉。

売れないデビュー時代、ピチカート・ファイヴの世界進出、出産、バンド解散とソロ活動、更年期、忍び寄る容姿の衰え、美容整形への誘惑、50歳超え……あと3年で東京オリンピックと還暦を迎える私ですが、そして今年でデビュー36年となる私ですが、決して平坦とは言えない人生を歩いてきました。その中で学んだことや、これまでの人生で自分を支えてくれた〝魔法の言葉〟をみなさんにお伝えしておきます。

「人生一度きり」

仕事で思い切った決断をする時、ものすごく素敵だけどものすごく高い服に出会った時、まともに歩けない美しいハイヒールを買うかどうか迷った時、最高にときめく男性に出会った時、この言葉を唱えましょう。

「今日の自分が一番若い」

1ヶ月以内に体重を5キロ落とす、今年はお肌を整えるために生活を見直す……未来の自分に投資をするのは素晴らしいことです。でも今日のあなたが一番若いということを忘れないでください。過ぎ去った過去を懐かしむことなく、まだ来ない未来のための準備ばかりすることなく、今を大切にしましょう。

昨日より今日は1日年を取り、明日よりも今日は1日若い。この事実をしっかり受け止め、「今日一番綺麗なあなた」であるようにしましょう。

You are more beautiful than yesterday. Today, you are more beautiful than yesterday and tomorrow.

「誰も私を気にしていない」

こんな服を着たら変かしら？　こんな髪型にしたら笑われる？　とかく人は他人の視線を気にします。でも幸か不幸か、あなたが思っているほど、誰もあなたを気にしていません。あなたが密かに悩んでいることなんて、誰も気づいていません。だから、気にしないで自分の思い通りに堂々と生きてみましょう。

「誰かは私を見てくれる」

でも同時に、あなたの才能、あなたのおしゃれや美しさ、あなたの気遣い、優しさを見ている人は必ずいます。そばにいて、あなたを認め、愛し、褒めてくれるはずです。安心してのびのびと生きていきましょう。

「Just You Wait!（今に見ていろ！）」

オードリー・ヘップバーンの主演映画「マイ・フェア・レディ」では、花売り娘役のオードリーがレディになるため訓練するシーンがあります。でも上手くいかなくて、オードリーは繰り返し「Just You Wait!（今に見ていろ！）」と歌います。

「今に見ていろ！」。子供の頃、心に秘めていた言葉です。学校に行っても一言も話せない内気な少女は、この言葉で未来のスターを夢見ていました。シャイなハートの奥は熱かったのです。実はハングリー精神は人一倍あったのです。

Boys & Girls, Be Ambitious！　時には悔しさや嫉妬や野心をエネルギーに変えて、がむしゃらに突き進むことも必要です。

今では、もうこの言葉を口にすることはなくなり、「今の私はこれでいい」になりました。足りないことへの渇望と、足りることを知る知恵。私も大人になったものです。

「私は〇〇〇できる！」

〇〇〇の部分に、やりたいことを入れてみましょう。

「私は〇〇〇である！」

〇〇〇の部分に、なりたい自分を入れてみましょう。最もシンプルで、最も効果的な自己暗示です。美人、おしゃれ、エレガント、セクシー、お金持ち、できる女、優しい女……いろいろな言葉が入りそうです。望みだけでは成功しませんが、望みがないところには成功はないのですから。

「とりあえずシャンパン」

本文にも書きました。何度でも書きます、この言葉。夜（昼でも）仕事が終わって、シャンパン（つまりあなたの一番好きなもの）をいただく幸せ。「とりあえずシャンパン」と言えて、楽しく飲めているなら、あなたの人生は決して悪いものではないはずです。

「ほどほどがいい」

人は怠けすぎるか、頑張りすぎるかのどちらかです。仕事でも恋愛でも人間関係でも、おしゃれも美容も、楽に、楽しく、ほどほどによい結果が続いている状態を目指しましょう。

「おしゃれはほどほどがいい」とタイトルにあるように、怠けず、無理せずいつまでも、が理想です。

「案外、今の私は悪くないわ」

最後に、私がよく使う魔法の言葉です。「私は美しい」と自慢するわけでもなく、「私なんて」と卑下することもしない。

「いろいろ問題はあるかもしれないけれど、大局的に見れば、私は大丈夫である」というさりげなくも確かで力強い自己肯定の言葉です。鏡の前で毎日つぶやいてみましょう。

ではまた、どこかでお会いいたしましょう。

「案外、今のあなたは悪くないわ」

おわりに

おしゃれを始める日を決める。

この5年ほど、夫婦で海外マラソン旅行をしています。もちろん走るのは夫、私はショッピングとグルメ担当です。これまで二人とも趣味は仕事とばかりに働きづめでしたが、子供も大学生になって、ちょうど新しいことを始めたいという思いもあり、旅行も兼ねて、パリマラソンに夫婦で行くことにしました。

パリでは、後にプロデュースすることになる赤い口紅のアイデアを思いついたり、街ゆく人を眺めてはエッセイのインスピレーションを受けたり、パリに住む友人で歌手のクレモンティーヌと食事をして、フランス人の日常の文化に触れることで生きるヒントをもらったりと、旅を満喫しました。やはりいつもと違う場所に旅することは、脳と身体を活性化してくれるようです。

そして一番の大きな発見と学びは、「やる日を決めること」でした。マラソンのエントリー受付は早ければ1年前、遅くとも半年前には開始されます。走る日はすでに決まっているわけですから、エントリーをしたその日にエアチケットを予約して、ホテルを決めます。そして1年前から指折り数えて、出発の日を待つのです（もう私たちは、次のナパヴァレー・マラソンを予約しました。題して「ワイン&ラン」。オーパス・ワンなど芳醇なカリフォルニア・ワインが待っています！）。

例えば、ある女性が、「私も、暇になったらのんびりサーフィンでもやりたいな」と言ったとします。でもその人はいつまでもサーフィンをすることはないでしょう。

やりたいと思ったことは、今すぐにやるのです。

会いたい人がいたら、すぐにアポイントを取りましょう。行ってみたいお店があれば、すぐに予約をしましょう。聴きたい歌、読みたい本、観たい映画、旅行したい国、ダイビングでも、ピアノでも……やりたいことがあれば、今すぐにやる。逆に、今やらないことは、本当はやりたいことではないのかもしれません。

この本では、「私がいつもやっている特別じゃないこと」として、おしゃれやメイクの方法やテクニックをお伝えしました。自分に合ったものを「ほどほど」に選んで、試していただければと思っています。でも大切なことがひとつあります。おしゃれをしたいと思ったなら、今すぐに始めることです。明日はちょっと疲れてサボってしまうかもしれないけれど、また始めればいいのです。でも今やらないと、ずっとやらないことになります。
大切なことは、今の手持ちのもので、今が最高の自分を、今作り始める、ということです。
さあ、今から始めましょう！

私のおしゃれを支えてくれるマッセメンシュのデザイナー内山奈津子さん、私の音楽を支えてくれる坂口修さん、出口豊さん、ユニバーサルミュージックのみなさん、素敵なリーディンググラスを作る機会を与えてくださったＪＩＮＳのみなさん、そして、『赤い口紅があればいい』から担当してくださり、すっかりおしゃれになった竹村優子さん、ありがとうございました。

２０１７年８月　野宮真貴

ワンピースのバリエーション

←p45

Dress

リトル・ブラック・ドレスは
アクセサリーで
エレガンスにもカジュアルにも

p45→

Black dress

2セットのアンサンブルで
8パターンのコーディネート

← p48

Ensemble

洋服を買う時は
トータルで考える

← p51

Coordinates

Coordinates

ブローチは
いろんな場所に
つけて楽しんで

←p101

Brooch

スカーフの使い方は無限大

p110→

Scarf

老眼鏡もおしゃれアイテム
プロデュースした4種

←p175

Glasses

大人のチークは
思いきって

p131→

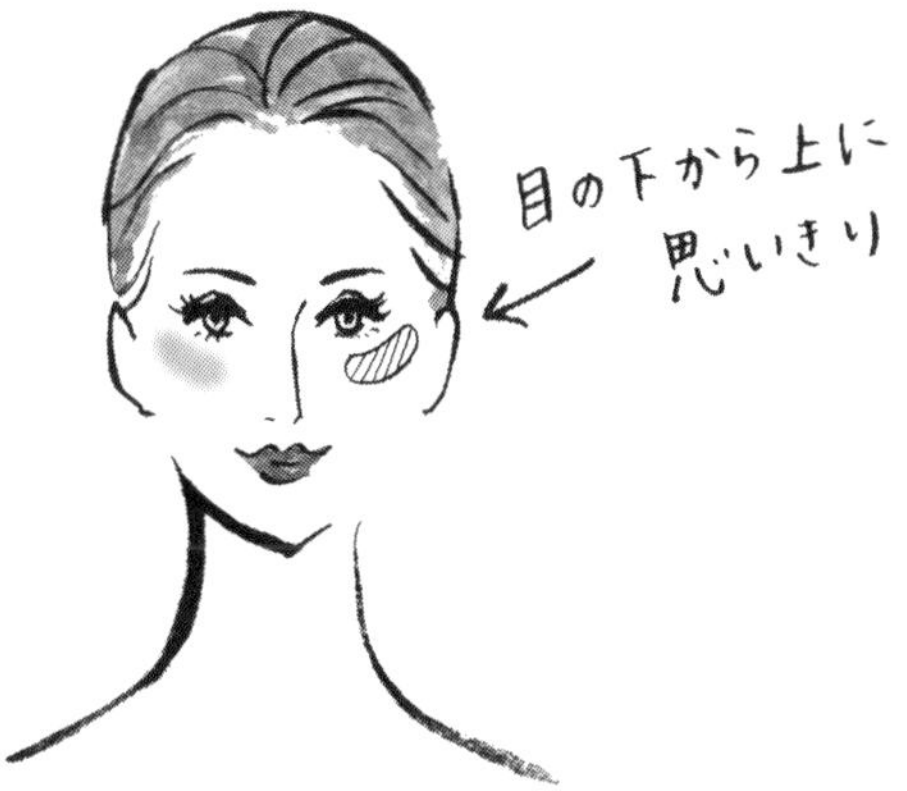
目の下から上に
思いきり

Cheek

アイラインで作る
切れ長キャッツアイ

p140→

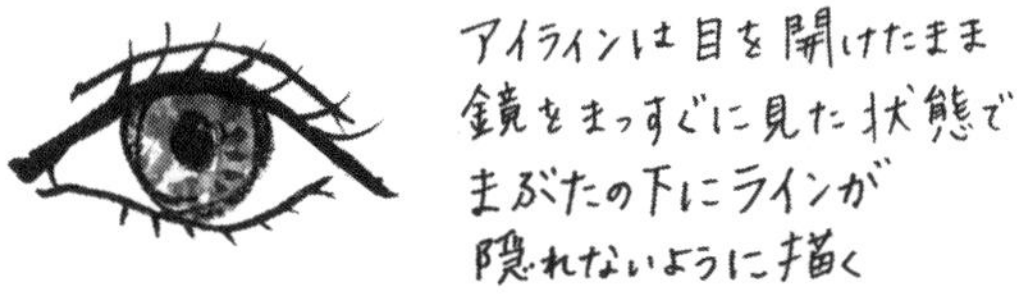
アイラインは目を開けたまま
鏡をまっすぐに見た状態で
まぶたの下にラインが
隠れないように描く

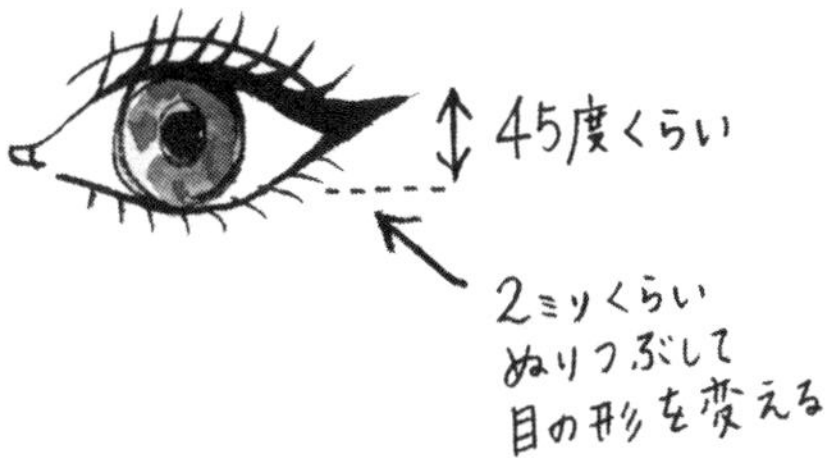
45度くらい
2ミリくらい
ぬりつぶして
目の形を変える

Eyeliner

つけまつ毛、アイテープで
たるんだ瞼を引き上げる

←p142

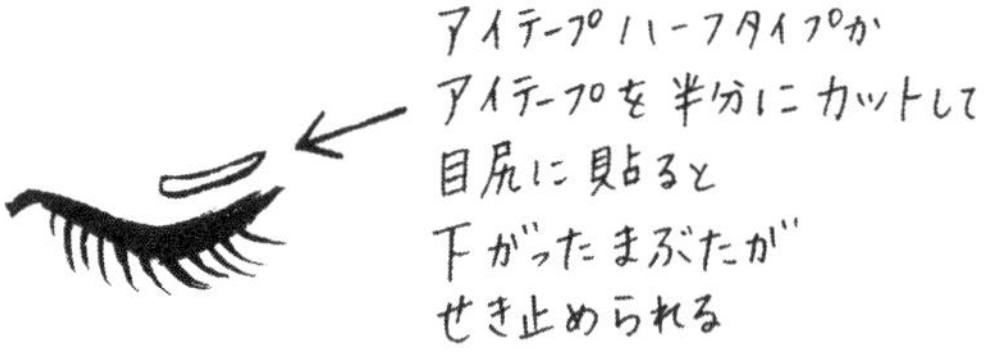
アイテープハーフタイプか
アイテープを半分にカットして
目尻に貼ると
下がったまぶたが
せき止められる

または ハーフのつけまつ毛を
目尻の 2mm 位上に貼る

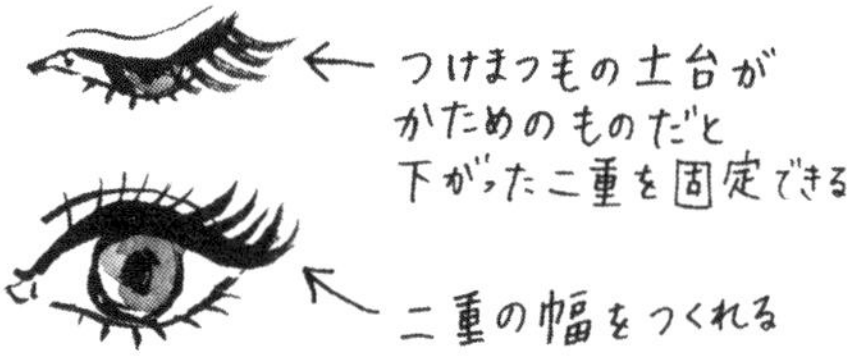
つけまつ毛の土台が
かためのものだと
下がった二重を固定できる
二重の幅をつくれる

Eyelashes

ベース作りは
ファンデーションブラシで

←p144

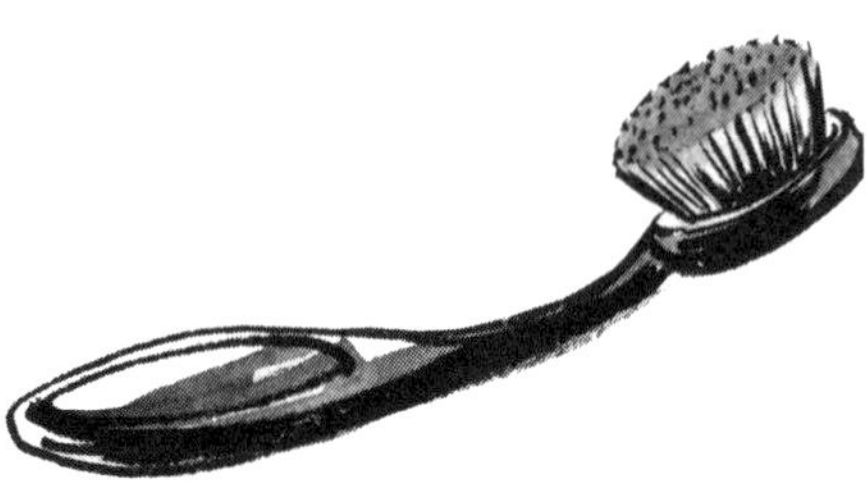

Brush

上がった口角を
自分で作る

p146→

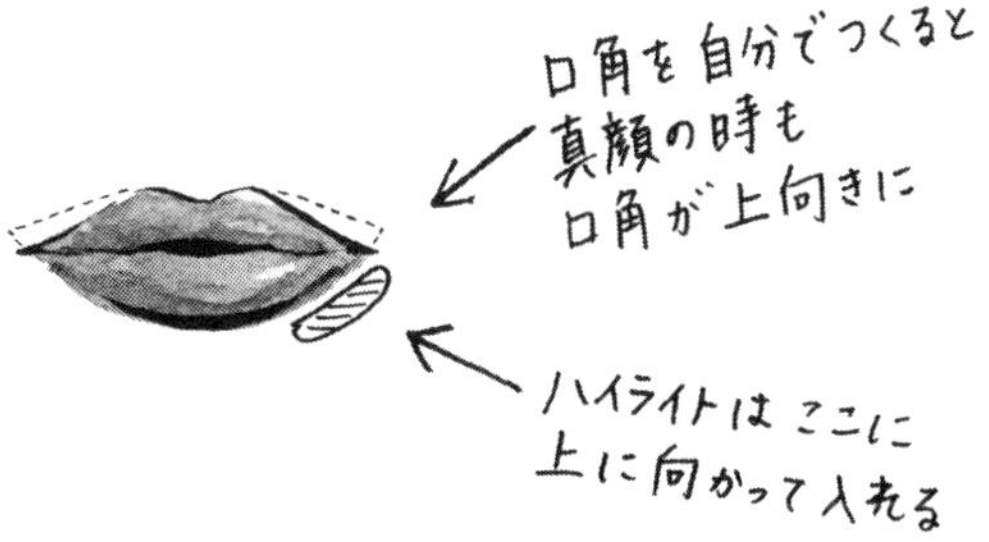

口角を自分でつくると
真顔の時も
口角が上向きに
ハイライトはここに
上に向かって入れる

Lip line

赤い口紅は塗り方で
雰囲気を変える

p164→

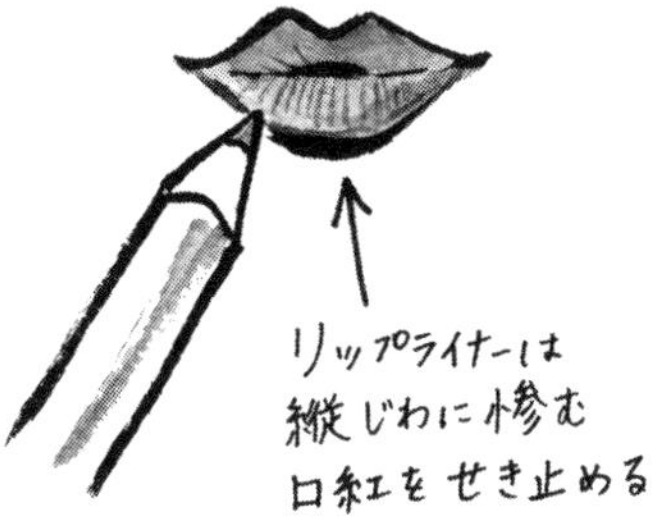

リップライナーは
縦じわに滲む
口紅をせき止める

指で輪郭をぼかして塗ると

カジュアルで若々しい印象に

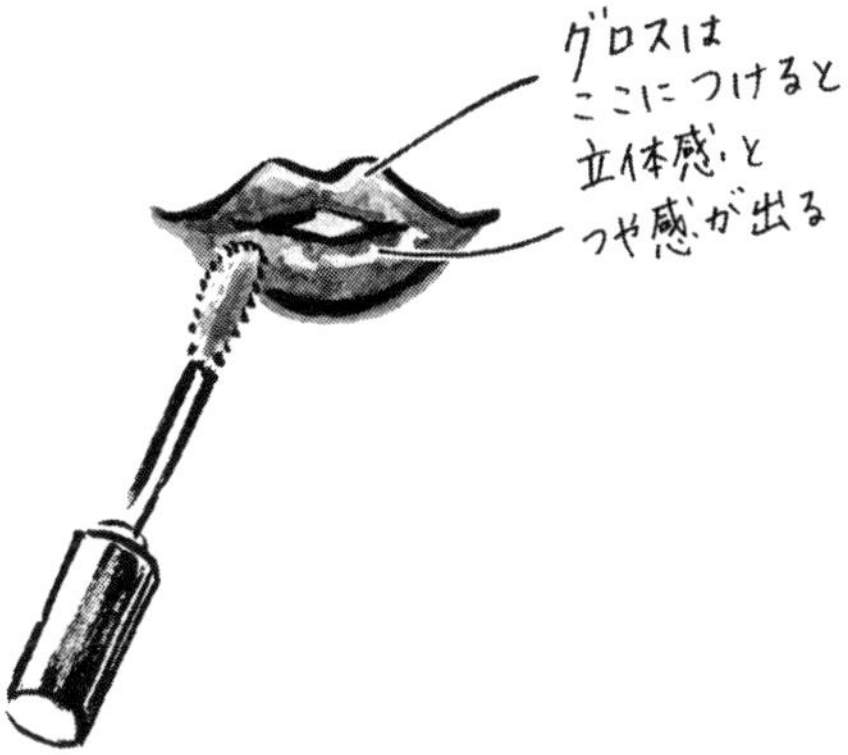

グロスは
ここにつけると
立体感と
つや感が出る

Lip

ブックデザイン　山本知香子
口絵写真　信藤三雄（撮影）、冨沢ノボル（ヘアメイク）、間山雄紀（スタイリング）
イラスト　永川梨恵
ＤＴＰ　美創
編集　竹村優子（幻冬舎）

野宮真貴　Nomiya Maki
1981年「ピンクの心」でデビュー。「ピチカート・ファイヴ」3代目ヴォーカリストとして、90年代に一世を風靡した「渋谷系」ムーブメントを国内外で巻き起こし、音楽・ファッションアイコンとなる。その後も独創的な存在感と歌声で、音楽、アート、ファッションなど多岐にわたって活動。2010年に「AMPP認定メディカル・フィトテラピスト（植物療法士）」の資格を取得。16年にはデビュー35周年を迎え、音楽活動に加え、ファッションやヘルス＆ビューティーのプロデュース、エッセイ執筆など多方面で活躍中。17年10月にはアルバム『野宮真貴、ホリデイ渋谷系を歌う。』を発売。著書に『おしゃれ手帖』『スター・ストラック〜スタアのひとりごと』『ドレスコードのすすめ〜おしゃれ手帖PARTⅡ〜』『おしゃれに生きるヒント』『赤い口紅があればいい』、共著に『エレガンス中毒ぎりぎりの女たち』がある。
www.missmakinomiya.com

【JASRAC 許諾番号】1711122-701

おしゃれはほどほどでいい
「最高の私」は「最少の努力」で作る

2017年10月25日　第1刷発行

著　者　野宮真貴
発行者　見城 徹

発行所　株式会社 幻冬舎
〒151-0051 東京都渋谷区千駄ヶ谷4-9-7
電話　03(5411)6211(編集)
　　　03(5411)6222(営業)
振替　00120-8-767643
印刷・製本所　中央精版印刷株式会社

検印廃止

ISBN978-4-344-03196-8　C0095
幻冬舎ホームページアドレス　http://www.gentosha.co.jp/

この本に関するご意見・ご感想をメールでお寄せいただく場合は、
comment@gentosha.co.jp まで。